MARCO POLO

DOLOMITEN

Reisen mit **Insider Tipps**

> Die Landschaft ist großa
hochalpin bis südlich-me
Und ich finde, wo mehre
gruppen leben, entwickelt
eine außergewöhnliche ku
Vielfalt.

MARCO POLO Autor
Oswald Stimpfl

(siehe S. 123)

Spezielle News, Lesermeinungen und Angebote zu den Dolomiten:
www.marcopolo.de/dolomiten

DOLOMITEN

> SYMBOLE

Insider Tipp **MARCO POLO INSIDER-TIPPS**
Von unserem Autor für Sie entdeckt

★ **MARCO POLO HIGHLIGHTS**
Alles, was Sie in den Dolomiten kennen sollten

SCHÖNE AUSSICHT

WLAN-HOTSPOT

▶▶ **HIER TRIFFT SICH DIE SZENE**

> PREISKATEGORIEN

HOTELS

€€€ über 110 Euro
€€ 70–110 Euro
€ bis 70 Euro

Die Preise gelten für zwei Personen im Doppelzimmer pro Nacht in der Saison

RESTAURANTS

€€€ über 18 Euro
€€ 12–18 Euro
€ bis 12 Euro

Die Preise gelten für ein Tagesgericht oder eine Hauptspeise

> KARTEN

[108 A1] Seitenzahlen und Koordinaten für den Reiseatlas Dolomiten
[0] außerhalb des Kartenausschnitts

Karten zu Belluno, Bozen, Cortina d'Ampezzo und Trient finden Sie im hinteren Umschlag

Zu Ihrer Orientierung sind auch die Orte mit Koordinaten versehen, die nicht im Reiseatlas eingetragen sind

NHALT

> SZENE

S. 12–15: Trends, Entdeckungen, Hotspots! Was wann wo in den Dolomiten los ist, verrät der MARCO POLO Szeneautor vor Ort

> 24 STUNDEN

S. 86/87: Action pur und einmalige Erlebnisse in 24 Stunden! MARCO POLO hat für Sie einen außergewöhnlichen Tag in Bozen und Umgebung zusammengestellt

> LOW BUDGET

Viel erleben für wenig Geld! Wo Sie zu kleinen Preisen etwas Besonderes genießen und tolle Schnäppchen machen können:

iPod leihen und Italienisch lernen: In Bozen geht das kostenlos S. 34 | Top-Angebot: die Osttirol-Card S. 52 | Günstig & genussvoll: Besichtigungen in Trient S. 60 | Umsonst: Besuch der römischen Ausgrabungen in Feltre S. 74

> GUT ZU WISSEN

Was war wann? S. 10 | Spezialitäten S. 26 | Heubäder S. 43 | Ladiner S. 44 | Blogs & Podcasts S. 66 | Bücher & Filme S. 80 | www.marcopolo.de S. 96 | Was kostet wie viel? S. 99 | Wetter in Bozen S. 100

AUF DEM TITEL
Hochgebirgstour mit zahmen Gefährten S. 94
Kalte Schönheit: Tovelsee S. 56

ENTDECKEN SIE DIE DOLOMITEN!

Unsere Top 15 führen Sie an die traumhaftesten Orte und zu den spannendsten Sehenswürdigkeiten

Die Highlights sind in der Karte auf dem hinteren Umschlag eingetragen

1 MMM Firmian

Im geschichtsträchtigen Rahmen der mauerumgürteten mittelalterlichen Festung Schloss Sigmundskron bei Bozen erleben Besucher spannende Ein- und Ausblicke in die Welt der Berge (Seite 32)

2 Südtiroler Archäologiemuseum

Das Museum in einem schönen Bozener Gebäude beherbergt nicht nur den „Ötzi", sondern auch viel Wissenswertes zur Ur- und Frühgeschichte der Region (Seite 33)

3 Landesmuseum für Volkskunde

Auf kleinstem Raum ist in Bruneck Südtirol nachgebildet, mit Bergbauernhöfen und Handwerksbetrieben (Seite 39)

4 Drei Zinnen

Die Vorzeigeberge mit ihren markanten Konturen beeindrucken auch aus nächster Nähe (Seite 41)

5 Fanesalm

Beeindruckende Naturkulisse und unvergleichlicher Sagenschauplatz der Dolomiten (Seite 44)

6 Bletterbachschlucht

Es gibt kaum einen Ort, an dem sich Geologie besser studieren lässt (Seite 46)

7 Tristacher See

Das Juwel der Lienzer Dolomiten ist im Sommer Badesee, im Winter der schönste Eislaufplatz Österreichs (Seite 53)

> DIE BESTEN MARCO POLO HIGHLIGHTS

8 Tovelsee
Das türkisfarbene Kleinod der Brentagruppe liegt in einem Refugium, das auch Braunbären mögen (Seite 56)

9 Domplatz
Die Stadtgeschichte Trients in konzentrierter Form: Bischofsburg, romanischer Dom, Renaissancepalazzi (Seite 63)

10 Palagruppe
Die weiß-gelben Felsnadeln stecken in einem Mantel aus fruchtbaren, tiefgrünen Almen (Seite 65)

11 Villa Welsperg
Am schönsten Platz im Val Canali liegt das ehemalige Jagdschloss der Grafen Welsperg, das heute das Naturpark-Besucherzentrum beherbergt (Seite 66)

12 Marmolada
Keine Reise, ohne die Königin der Dolomiten und ihre Gletscherkuppe auf 3343 m gesehen zu haben (Seite 72)

13 Cortina d'Ampezzo
Die „Perle der Dolomiten" ist die Stadt, in der sich trifft und gern auch bleibt, was Rang und Namen hat (Seite 75)

14 Tofana di Mezzo
Dem spektakulären Gipfelpanorama geht ab Cortina eine einmalige Fahrt mit dem „Himmelspfeil" voraus (Seite 77)

15 Nationalpark
Die Füße in den Lago di Mis baumeln lassen, mitten in der unberührten Natur der Belluneser Dolomiten (Seite 79)

WAS FÜR TOLLE BERGE!

St. Magdalena vor der Geislergruppe

AUFTAKT

Seit vielen Jahren schon sind die Dolomiten ein beliebtes Reiseziel von Bergsteigern, Naturliebhabern und Wanderern. Entlegene Waldwege, verborgene Seen, ein buntes Freizeit- und Sportprogramm und quirlige Städte gehören zum Charme dieser Berglandschaft. Und kaum sonstwo lassen sich dabei gleich vier unterschiedliche Regionen und ihre Spezialitäten entdecken. Auch die faszinierende Mischung aus deutscher, italienischer und ladinischer Sprache und Kultur gehört zu den Besonderheiten zwischen Rosengarten und Drei Zinnen. Entdecken Sie diese Vielfalt, lassen Sie sich ein auf diese faszinierende Gebirgsregion.

> Ein kleiner Steinbrocken gab einer ganzen Region einen neuen Namen: Ende des 18. Jhs. schenkte der französische Marquis Déodat de Dolomieu in Tirol einem weißen Stein zu seinen Füßen besondere Aufmerksamkeit und schickte ihn einem Chemiker zur Analyse. Das später nach ihm „Dolomit" genannte Gestein besteht aus Kalzium-Magnesium-Karbonat und unterscheidet sich dadurch vom gewöhnlichen Kalkstein. Die bisher nur als „Bleiche Berge" bezeichneten Naturmonumente wurden plötzlich zu einem interessanten Reiseziel – nicht nur für Wissenschaftler. Die scharfkantigen, steilen Zinnen und Gipfel zogen Bergsteiger an und die malerische Dolomitenlandschaft Naturliebhaber und Wanderer.

Die Pioniere unter den Dolomitenbergsteigern fanden sich dann nach 1850 ein, sie bestiegen den Monte Pelmo und bewältigten die Marmolada. In ihre Fußstapfen zu steigen, lockt nach wie vor viele Bergsteiger in die Dolomiten. Naturfreunde haben eine riesige Auswahl an Wander- und Höhenwegen, an Touren sowie an Liften und Bahnen, die auf Aussichtspunkte mit beeindruckenden Panoramen führen.

Von den grünen, fruchtbaren Tälern, die oft dicht besiedelt sind, manchmal aber auch ganz entlegen und einsam, führen unzählige Wege in Wälder und Naturparks mit vielen verborgenen Seen. Diese nehmen an Zahl und Schönheit nicht ab, je höher

> Die Täler tragen unterschiedliche Charakterzüge

es hinaufgeht. Türkis und grün funkeln sie und spiegeln die prächtigen Gipfel der Berge, die sie schützend umgeben. Mit der steinernen Landschaft oberhalb der Baumgrenze beginnt ein eigenes, gigantisches Reich für sich. Die Wege an den Kanten der massiven Berge entlang lassen Wanderer klein wie Ameisen erscheinen

Überbordende Rokoko-Pracht in der Stiftskirche des Klosters Neustift nahe Brixen

und machen den Blick frei auf die tiefen Täler und ihre Flussläufe.

Die Geschichte des Dolomits ist wesentlich älter als die seines Namens: Über 200 Mio. Jahre lang hat die Natur das Gestein geformt. Seine Geburtsstätte ist das Meer, das zu dieser Zeit die Gegend bedeckte. Aus Ablagerungen kalkhaltiger Muschelschalen, abgestorbener Meerestiere und Korallen formten sich auf dem vulkanischen Urgestein Erhebungen, die später durch die Kollision der Kontinentalplatten einen gewaltigen Schub in die Höhe erhielten. Nach der letzten Eiszeit vor ca. 10 000 Jahren entstand schließlich eine bewohnbare paradiesische Kulisse aus Gipfeln, Hängen und Wäldern. Obwohl mancher Gipfel der Region auch aus anderen Gesteinssorten besteht, hat sich der Name Dolomiten eingebürgert.

Die Abgrenzung des Gebietes folgt markanten natürlichen Linien: im Nordwesten dem Eisacktal, dem Pustertal im Norden und den Flüssen Piave im (Süd-)Osten und Sarca im Westen. Die Täler, oft durch mächtige Dreitausender voneinander getrennt, haben unterschiedliche Charakterzüge entwickelt. Das Pustertal ist grün und waldreich, das Eisacktal stellenweise eng und dunkel, mit zerklüfteten Hängen. Das Piavetal weitet sich bei Pieve di Cadore, und das Tal der Sarca schmiegt sich an die Adamello- und die Brentagruppe.

In den fruchtbaren Talsohlen siedelten sich zunächst Jäger, dann Bauern

> *Urlaub jenseits von Bergwandern und Skifahren*

an, ihnen folgten im Lauf der Jahrhunderte verschiedene Herrschaftssysteme: von den Römern über Kleinstaaten bis hin zu Bischofs- und Fürstentümern. Die Städte am Rand der Bergregion entwickelten sich zu Residenzstädten geistlicher und weltlicher Fürsten, wie Trient und Brixen, oder zu wichtigen Handelszentren, wie Bozen und Belluno. Bedarf an den Dolomitenrohstoffen Eisen und Kupfer war im Mittelalter überall gegeben, und Venedig brauchte die kostbaren Lärchen aus Belluno für den Schiffbau. Bei Feltre führte die Via Claudia Augusta, eine römische Heeresstraße, 517 km von der Poebene über die Alpen nach Augsburg. Im 19. Jh. wurden die Verbindungswege unter österreichischer Herrschaft ausgebaut und viele Arbeitsplätze für die Belluneser geschaffen. „Esanponari“ (vom deut-

WAS WAR WANN?

Geschichtstabelle

40 000–7000 v. Chr. Besiedlung durch frühsteinzeitliche Jäger. Funde: Silex-Feuersteinwerkzeuge am Monte Avena bei Feltre, Grabbeigaben bei Villabruna di Val Rosna und das Skelett des „Uomo di Mondevàl"

15 v. Chr. Feldzug des Drusus: Eingliederung der nördlichen Dolomitengebiete ins Römische Reich als Provinz Rätien

14. Jh. Die Habsburger übernehmen die Herrschaft über die Grafschaft Tirol

1796–1814 Tirol und Venetien werden nach napoleonischer Besatzung 1805 zwischen Bayern und Italien aufgeteilt

1815 Österreich erhält nach dem Wiener Kongress weite Teile Oberitaliens

1866 Die Provinz Belluno kommt nach dem Krieg gegen Österreich zum Königreich Italien

1918 Nach dem Ersten Weltkrieg gewinnt Italien das Gebiet südlich des Alpenhauptkamms

1922–43 Italienisierungspolitik der Faschisten in Trentino-Südtirol

1943–45 Deutsche Truppen halten das Alpenvorland besetzt

1946 Das Abkommen zum Schutz der Minderheiten in Trentino-Südtirol wird von Italien nur zögernd umgesetzt

1972 Ein neues Autonomiestatut für Trentino-Südtirol räumt den Minderheiten weitgehende Sonderrechte ein

2006 Beginn der Arbeiten am Probestollen zum 56 km langen, alpenquerenden Brennerbasistunnel. Das Jahrhundertprojekt soll 2020 fertiggestellt sein

2006 Durch Volksabstimmungen versuchen sich mehrere Dolomitengemeinden von der Region Venetien zu lösen und an die autonomen Nachbarprovinzen Südtirol oder Friaul anzuschließen

schen Wort Eisenbahn) wurden die mit dem Bau der Schienenwege und Straßen beschäftigten Arbeiter genannt. Mit dem Ausbau der Infrastruktur begann auch der Tourismus, der heute ein bedeutender Wirtschaftsfaktor ist – neben Kleinindustrie, Handwerk und Landwirtschaft.

Das Klima bietet hier auf der Südseite der Alpen eine angenehme Mischung: Die kühlen, rauen Winde aus dem Norden werden vom Hauptkamm der Alpen abgefangen, vom Mittelmeer her kommen wärmere Luftströme. Im Sommer zum Wandern und Klettern und im Winter zum Skifahren – so deutlich lassen sich die „Tourismus-Gezeiten" in den Dolomiten jedoch nicht mehr abgrenzen. Die Hauptbesuchszeit von April bis Ende Oktober mündet mittlerweile fast nahtlos in die Wintersaison. Ob Rodeln, Eislaufen, lange Spaziergänge im verschneiten Wald oder mit Kindern den Weihnachtszauber in den Bergkulissen erleben – das Angebot passt sich der Nachfrage an. Die zentrale Urlaubszeit der Italiener selbst ist nach wie vor *ferragosto:* Rund um den 15. August (Mariä Himmelfahrt) ist auch in Norditalien die Reiseflut der Einheimischen zu spüren und nicht selten alles ausgebucht oder im Gegenteil: wegen Urlaub geschlossen.

Die Formenvielfalt der Berge hat immer wieder die Fantasie ihrer Bewohner angeregt. Die verzauberten, zu Stein erstarrten Fabelwesen in den Felsspitzen des Latemar, das schlafende Gesicht des Rosengartens oder das „Parlament der Murmeltiere" auf der Fanesalm – viele Sagen und märchenhafte Geschichten gibt es zu entdecken. Und das von den „Bleichen Bergen" so kongenial widergespiegelte Abendrot schafft eine bezaubernde Atmosphäre, die ihresgleichen sucht.

> Die Dolomiten sind die schönsten Berge der Welt

„Sind sie nicht toll, der Peitlerkofel und die Geislerspitzen da hinten?"

So unterschiedlich die Täler und die Bräuche und Lebensgewohnheiten ihrer Bewohner auch sind, ein gemeinsamer Nenner ist ihre enge Beziehung zur Natur. Ob sie nun auf dem Boden der Täler Spezialitäten wie die bekannten braunen Bohnen von Lamon züchten, an den Berghängen ihre Kühe und Schafe weiden und hervorragende Käsesorten produzieren oder sich mit rustikalen Gasthöfen, gemütlichen Hotels und gut ausgestatteten Schutzhütten um das Wohl ihrer Gäste kümmern – die Landschaft ist ihre Existenzgrundlage. Und wenn die Bewohner in ihrer Jugendzeit die Enge der Berge verlassen, um einmal ordentlich über den Tellerrand zu blicken, kommen viele auch gerne wieder zurück. Darunter so bekannte Persönlichkeiten wie der Extrembergsteiger Reinhold Messner, für den die Dolomiten die schönsten Berge der Welt sind. Überzeugen Sie sich selbst und lassen auch Sie sich von dieser einzigartigen Bergwelt verzaubern.

TREND GUIDE DOLOMITEN

Die heißesten Entdeckungen und Hotspots! Unser Szene-Scout zeigt Ihnen, was angesagt ist

Thomas Haberer

Der Schauspieler und Moderator ist der Lokalmatador der Dolomiten. Er kennt sich in der Szene aus, weil er die Trends lebt. Ob Nightlife, Sport oder Kunst – Thomas Haberer weiß, was angesagt ist. Natürlich ist unser Szene-Scout auch ein Naturbursche, wie er im Bilderbuch steht. In den rauen Felsen und den hohen Bergen sucht er die Herausforderung.

SCHLAUCHBOOT ON ICE

Action und Fun im Schnee

Wagemutige Wintersportler geben sich nicht mehr mit Skifahren und Snowboarden zufrieden. Fans von noch mehr Action im Schnee düsen in einem Schlauchboot die steilen Hänge der Region hinunter! Ein Hotspot für Snowrafter: die Dolomiten von Bellune. Nagelneu und schon beliebt ist die Snowrafting-Piste im Grödner Tal *(Plan de Gralba)*. In St. Jakob ist die rutschige Downhill-Fahrt mit einem wärmenden Stelldichein verbunden: Nach dem eisigen Trip im Schlauchboot geht's ins heiße Schneeiglu direkt im Ziel *(St. Jakob, Richtung Prettau/Kasern, Infos und Anmeldung: www.tauferer.ahrntal.com,* Foto*)*.

SZENE

KLEINE KUNST GANZ GROSS

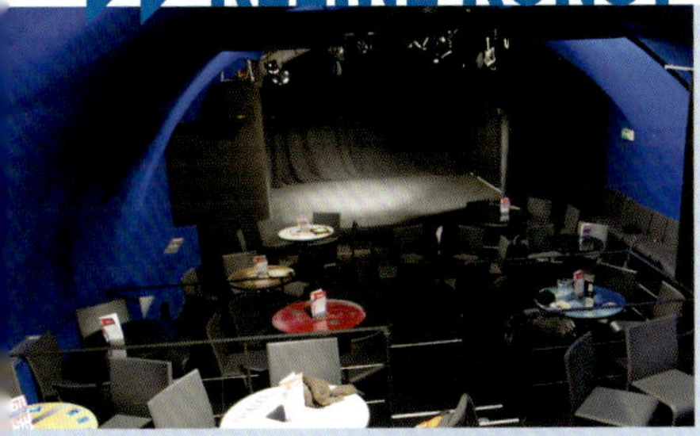

Von Kabarett bis Comedy

Kleinkunst ist innovativ und mit verrückten Eigenproduktionen in der Region vertreten. Im Bozener Kleinkunsttheater *Carambolage* wird jährlich der europäische Kleinkunstpreis *Roner surPrize* verliehen. Und das war noch nicht alles: Die Improvisationsgruppe des Theaters ist beliebt wie nie *(Silbergasse 19, www.carambolage.org,* Foto*)*. Bei den Aufführungen der Theatergruppe *Dekadenz* geht man zum Lachen in den Keller. Die Combo inszeniert ihre Stücke im historischen Anreiterkeller im Brixener Stadtteil Stufels *(Obere Schutzengelgasse 3a, www.dekadenz.it)*. Kleinkunst mobil macht die *Theaterkiste* in Lengmoos am Ritten. Sie inszeniert z. B. Stücke in der Rittnerbahn *(Kematerstr. 30, Klobenstein/Ritten)*.

MODERNE SCHNITZKUNST

Pimp my sculpture

Die Holzskuplturen aus der Region sind legendär. Junge Künstler der Umgebung mixen die Traditionen mit modernen Methoden und Motiven und erschaffen so eine neue Schnitzkunst. Die Skulpturen des jungen Bildhauers Christian Verginer aus St. Ulrich stellen Menschen dar, die fast lebensecht wirken *(Prarufstr. 82, St. Ulrich)*. Schnitzkunst von gestern bis heute wird auf der *Grödner Skulpturenmesse Unika* ausgestellt *(Tennis Center, St. Ulrich/Runggaditsch, www.unika.org,* Foto*)*. Beim *Internationalen Schneeskulpturenfest* in Innichen und St. Vigil sind die Kunstwerke noch kreativer: Mit Stacheldraht, Säge und Schaufel erschaffen die Snowartists Kunst aus Schnee und Eis. Von überdimensionalen Fröschen bis hin zum tanzenden Liebespaar auf Eis *(www.snow-festival.com)*.

ALT & NEU

Moderne Architektur trifft Denkmalschutz

Statt Abriss und Neuaufbau wird renoviert. Um- und Anbauten verleihen alten Gemäuern ein neues, modernes Gesicht. Architekt Klaus Kada kleidete den denkmalgeschützten Bau der *Europäischen Akademie Bozen* in zeitgemäße Architektur: Außen aus Beton und Stahl, besticht innen das Farbkonzept des Künstlers Alois Mayr *(Drususallee 1, www.eurac.edu,* Foto*)*. Für den Anbau an der *Pfarrkirche Leifers* sind die Architekten Thomas Höller und Georg Klotzner verantwortlich. Sie schufen einen Glaskörper, der alte und neue Bausubstanz verbinden soll.

ALL-IN-ONE-CLUBS

Tanzen ist nicht alles

In den Szenelokalen von Bozen und Umgebung ist Multifunktionalität angesagt: Hier wird nicht nur die Nacht durchtanzt, sondern zwischendurch entspannt man sich, diniert und schlürft Cocktails. Erst chillen, dann tanzen ist die Devise im *Puka Naka (Schornweg 1, www.pukanaka.net,* Foto*)*: ab 20 Uhr Bar, ab 22 Uhr Lounge und Club. In der *Disco Max* treten Stars wie Gigi D'Agostino auf, nach dem Gig geht's in die Relaxarea *(Fischzuchtweg 30, Brixen, www.discomax.com)*. Nachdem man sich im Club *Boulevard* im Restaurant gestärkt hat, wird abgetanzt. Highlights sind Show-Barkeeper und wechselnde Lightshows *(Julius-Durst-Str. 44, Brixen, www.boulevard.bz)*.

CRAZY STYLE

Fashion aus den Bergen

Je verrückter, desto besser! Die Modeszene zeigt sich innovativ und mutig. Die Bozener Jungdesignerin Sylvia Pichler entwirft unter dem Label *Zilla* aus Luftfiltern, Verputzschwämmen, Wischmobs oder Fußmatten garantiert einmalige Designertaschen *(z. B. bei Oberrauch-Zitt, Lauben 67, Bozen. Showroom: Via Edison 15, Bozen. Anmeldung: Mobiltel. 339/391 36 21, www.zilla.it,* Foto*)*. Auf Luxus setzt die Brixener Boutique *Maximilian Donna Sporting (Kleine Lauben 3)*. Wem das nicht reicht: Auf 400 m² Verkaufsfläche auf vier Etagen bleibt im *Bruschi* kein Wunsch offen *(Leonardo-da-Vinci-Str. 4, Bozen)*.

BADEN IN DEN BERGEN

Wellness aus den Dolomiten

Schön mithilfe der Natur: Beautybewusste bauen auf Methoden und Stoffe aus der Natur, um ihren Körper zu pflegen und zu entspannen. Im Wellnesshotel *Sonnenhof (Balksteinweg 7, www.winklerhotels.it,* Foto*)* in Pfalzen werden entspannende Bäder mit Tiroler Steinöl, Zirbelkiefer und Ziegenmilch angeboten. Das *Hotel Obereggen* setzt auf Weintresterbäder und Massagen mit Ziegenbutter *(Obereggen 18, Deutschnofen, www.hotel-obereggen.it)*. Entspannende Wasserbäder mit Essenzen aus der Umgebung sind die Spezialität des *Bergschlössls*: Naturbegeisterte Wellnessfans genießen das Bad in Südtiroler Milch, Latschenkiefer und Orangenblüten *(Lüsner Str. 24, Lüsen, www.bergschloessl.com)*.

MUNDART-MUSIK

Die Szene rockt!

Junge Musiker mischen die Szene auf und mixen moderne Beats mit ladinischen Texten und Südtiroler Mundart auf: Iaco Rigo und sein „ethical project" kreieren ladinischen Rock-Pop. Der Schriftsteller und Liedermacher aus Bruneck ist in der Szene schon berühmt *(www.iacorigo.it,* Foto*)*. Härtere Gangarten bevorzugt Lerget alias Lukas Flarer *(www.lerget.com)*: Das One-Man-Projekt punktet mit Texten im Südtiroler Dialekt, während *Queen Laurin* im Südtiroler Minimal Blues auch leisere Klänge anschlagen *(www.queenlaurin.com)*. Mit ihren Konzerten bringen die neuen Volksmusiker die Bühnen der Region zum Beben, z. B. das *Excelsior* in Innichen *(Alter Markt 8)*. Wer Liveacts im außergewöhnlichen Ambiente bevorzugt, freut sich auf das *Swing on snow* auf der Seiser Alm: Hier gibt's Livefolk aus dem Alpenraum auf die Ohren – von traditionell bis experimentell finden Konzerte an ungewöhnlichen Orten statt *(www.swingonsnow.com)*.

> WAS DIE RAY BAN MIT BELLUNO ZU TUN HAT

Mit diesen Informationen sind Sie über die Dolomiten auf dem Laufenden

ALPENGLÜHEN

Wenn zur Zeit der Dämmerung und des Sonnenuntergangs plötzlich die Blicke in Richtung Berge schweifen, dann ist es so weit und ein nicht seltenes, aber dennoch immer wieder faszinierendes Naturphänomen tritt in Erscheinung: „Alpenglühen nennen wir es, wenn über den verdunkelten Tälern und schattenschweren Waldungen die Gipfel des Dolomit-Gebirges in feurig strahlender Herrlichkeit thronen“, wie der Heimatdichter Karl Felix Wolff (1879 bis 1966) in seinem Büchlein „König Laurin und sein Rosengarten“ schrieb und darin zu dem Urteil kommt: „Auch wenn Südtirol gar nichts anderes hätte als den Rosengarten und die Laurin-Sage, es wäre schon dadurch eines der herrlichsten Länder, so weit die deutsche Zunge klingt.“

Bild: Drei Zinnen

STICH WORTE

AUTONOMIE

Der besondere Autonomiestatus von Südtirol und seiner Nachbarprovinz Trentino (Trient) fußt auf dem Schutzvertrag der Pariser Friedenskonferenz von 1946. Seit dem neuen Autonomiestatut von 1972 hat sich die Situation der Minderheiten im Land – Deutsche und Ladiner – deutlich verbessert. 1989 trat die Gleichstellung der deutschen Sprache mit der italienischen in der öffentlichen Verwaltung in Kraft. Der *patentino,* der Zweisprachigkeitsschein, ist seither unerlässlich für die Aufnahme in den Staatsdienst. Das „Proporzdekret" regelt die der jeweiligen Sprachzugehörigkeit angemessene Besetzung von Stellen im öffentlichen Dienst. Die zunehmende Übertragung von staatlichen Kompetenzen an die autonomen Provinzen (wie Gesetzgebungs- und Verwaltungsbefugnisse) sowie ausreichende finanzielle Ausstattung haben zu einem positiven politischen Klima geführt.

BERGBAU

Eisenwaren aus den Dolomiten hatten im Mittelalter in ganz Europa einen hervorragenden Ruf. Der Mangangehalt im Erz verhinderte Verrostung und verlieh dem Stahl eine gute Zähigkeit, was bei Werkzeugen und Waffenklingen geschätzt und für die Ausrüstung vieler Armeen genutzt wurde. Bedeutende Bergwerke entstanden bei Agordo im Val Imperina und bei Fursil im Val Fiorentina. Die Eisenwaren wurden auf uralten Handelswegen über den Valparolapass durchs Gadertal nach Brixen geliefert. Über viele Jahrhunderte bestanden rege Handelsbeziehungen zwischen dem deutschen Kaiserreich (und später dem Haus Habsburg), dem die nördlichen Dolomiten angehörten, und der Republik Venedig mit Belluno und dem südlichen Teil der Dolomiten. Viele Ortsnamen wie Forno (Ofen) oder Fucine (Schmiede) weisen bis heute auf die Bergwerkstätigkeit hin.

BRAUCHTUM

Der Karneval ist in den Dolomiten einer der festlichen Höhepunkte im Jahr und wird noch nach alter Väter Sitte gefeiert. So in der Gegend von Sappada, wenn bei der *Plodar Wosenacht* mit bunten Wagen auch der ernste „Rollate“ durchs Dorf zieht – eine mächtige Figur, mit Bärenfell, gestreiften Hosen, Schellen am Gürtel, genagelten Schuhen und einer Holzmaske verkleidet. Kunstvolle Trachten mit besonderem Kopfschmuck werden bei festlichen Anlässen in vielen Südtiroler und Trentiner Dörfern getragen, bekannt ist zum Beispiel die Fronleichnamsprozession in Kastelruth.

„Gröden in Tracht“: St. Ulrich im Grödner Tal ist ein Schauplatz dieses Brauchtumsfestes

BRILLENINDUSTRIE

Es mag unglaublich klingen, aber das Gebiet von Cadore in der Provinz Belluno ist das Zentrum der Brillenindustrie weltweit. Eine von vier Brillen wird im Cadore, dem Silicon Valley der Brillen mit 1400 Betrieben und 19000 Beschäftigten, produziert. Die Aktien der Firma Luxottica sind zwar an der New Yorker Börse notiert, die Produktionsstätten aber liegen in den Tälern der Dolomiten. Kaum ein Modemacher, der nicht bei den Brillenbaronen Del Vecchio, De Rigo oder Marcolin seine Marken produziert, von Armani über Gucci, Dior und Prada bis zu Max Mara und Yves St. Laurent. Auch die legendäre amerikanische Pilotenbrille, die Ray Ban, ist fest in Belluneser Hand.

DOLOMITENFRONT

Am 23. Mai 1915 erklärte das italienische Königreich Österreich-Ungarn den Krieg. Für den Fall seines Sieges hatte sich Italien schon im Vorfeld von den Alliierten und späteren Siegermächten Frankreich, Großbritannien und USA das Gebiet von Südtirol, Istrien und Teile Dalmatiens gesichert. Die Verteidigungslinie des österreichisch-ungarischen Heeres reichte vom Stilfserjoch über die Gipfel der Dolomiten bis an die Adria. Der verlustreiche Stellungskrieg hat in der Landschaft Spuren hinterlassen. Kavernen, Tunnel, viele Steige, Leitern und Brücken sind Relikte dieser Zeit und heute Teil der als „Friedenswege" bezeichneten Routen. Eine Reihe von Freilichtmuseen (s. S. 77) erzählt ihre Geschichte.

FOSSILIEN

Sie sind nicht nur formenreiche, kostbare Abdrücke längst ausgestorbener Lebewesen in Stein, sondern auch für die Wissenschaft von besonderer Bedeutung, wenn es darum geht, das Alter einer Gesteinsschicht zu bestimmen. Leitfossilien mit so schönen Namen wie „Bellerophon" oder „Claraia clarai" sind Belege für die Existenz bestimmter Lebewesen und die Beschaffenheit der Landschaft vor Millionen von Jahren. In den Naturparks der Dolomiten sind Fossilien mitunter sehr zahlreich zu finden, unterliegen aber dem Naturschutz und dürfen nicht einfach eingesteckt werden.

HÖHENWEGE

Manche von ihnen gibt es schon seit der Steinzeit, andere sind jüngeren Datums, aber alle bieten lohnenswerte Wanderrouten auf den oberen Etagen der Dolomiten. Im Unterschied zu Gipfelbesteigungen führen Höhenwege relativ horizontal unterhalb oder oberhalb der Baumgrenze meist von Schutzhütte zu Schutzhütte. Bis zum Ausgangspunkt kommt man oft mit Seilbahn oder Sessellift. Die Palette der ungezählten Höhenwege durch die Dolomiten reicht von leichten Routen über Almen und Wiesen bis zu schwierigen Steigen an teilweise exponierten Stellen. Auch für mehrtägige Touren bieten sich die Höhenwege an, wie z. B. der „Weg der Sagen" (s. S. 82), der sogar 15 Tage lang durch abwechslungsreiche und faszinierende Landschaft führt.

HOLZ

Vor über 500 Jahren war ein Bild wie dieses nicht selten zu sehen: Auf dem Piave zogen Holzflöße dahin und brachten wertvolles Lärchenholz nach Venedig und Ravenna. Noch im 18. Jh. wurden jährlich rund 350 000 Stämme an die Adria geflößt. Unter der Herrschaft der Serenissima Venedig wurde das Holz aus den Wäldern des Cadore für den Schiffbau genutzt, darunter bis zu 50 m lange Baumstämme für die Masten. Die Flößervereinigung entstand, und entlang des Transportweges wuchsen Handwerks-, Säge- und Hafenbetriebe.

Heute wird Holz nicht mehr auf dem Wasserweg transportiert und ist als Wirtschaftszweig uninteressant geworden. Am ehesten halten sich noch in Südtirol holzverarbeitende Betriebe, da die alpenländische Architektur vieler Hotelbauten mit diesem Material gestaltet wird. Durch die schönen Wälder, die früher der Mittelpunkt des Holzabbaus waren, lohnen sich heute Naturwanderungen, zum Beispiel durch den *Staatsforst Somadida* nördlich von Auronzo, organisiert von der Forstbehörde *(Info: Tel. 04 35 40 06 66)*. Interessant ist auch der Besuch im *Flößermuseum* in Castellazzo bei Longarone am Piave *(www.museozattiero.it)*.

NATURPARKS

Dass die einzigartige Bergwelt der Dolomiten mit ihrer besonderen Fauna und der auf kalkhaltige Standorte spezialisierten Flora schützenswert ist, wurde in den 70er-Jahren gerade noch rechtzeitig erkannt. Insgesamt 14 Naturparks – darunter *Fanes-Sennes-Prags, Trudner Horn* und *Paneveggio-San-Martino* – bewahren die noch intakte Natur vor der zunehmenden Erschließung und einem Bauboom an Liften und Zufahrtsstraßen. Mit Erfolg, denn so seltene und schöne Arten wie Edelweiß, Alpen-Küchenschelle, Himmelsherold und Gletscher-Nelkenwurz oder Steinböcke, Rothirsche und Murmeltiere haben nun einen adäquaten Lebensraum, in dem der Mensch zu Gast sein darf. Vor Ort eingerichtete Naturparkhäuser informieren umfassend und koordinieren auch geführte Wanderungen, die Sie ebenfalls bei den lokalen Tourismusbüros buchen können.

REINHOLD MESSNER

Als vielleicht berühmtestes Kind der Dolomiten ließe sich Reinhold Messner bezeichnen, wenn er nicht schon seit etwa sechs Jahrzehnten die Kinderschuhe mit den Bergschuhen getauscht hätte. Was er sich in jungen Jahren im Training an den Geislerspitzen erkletterte, brachte ihn in die verschiedensten Bergregionen der Welt und auf alle 14 Achttausender. In seine Bücher und auch in das Projekt „Messner Mountain Museum“, zu dem das *Schloss Juval* im Vinschgau, das *Museum am Ortler*, das *Museo nelle Nuvole* am Monte Rite und das Museum *MMM Firmian* im Schloss Sigmundskron bei Bozen gehören, sind sein Erfahrungsschatz und sein Zugang zu Bergbewohnern aus ganz anderen Kulturen eingeflossen. In seinem Heimatland selbst setzt sich Messner für den Schutz der Berggebiete ein und fordert einen neuen Tourismus. Er sieht Chancen für die Erhaltung des Ökosystems nur im nachhaltigen, respektvollen Umgang mit der Natur.

bende Naturschauspiel in bildkräftige Sagen gefasst. Die Grenzen zwischen Menschen, Tieren und der Natur verschwimmen dabei oft, und es entstehen zauberhafte, abenteuerliche Geschichten, wie die von König Laurins Rosengarten, deren Spuren für viele Bewohner des Gebirges noch heute nicht erloschen sind.

Wenn Sie in den Bergen einen Pfiff hören, könnte er vom Murmeltier sein

SAGEN

Wie lassen sich die Größenverhältnisse zwischen gigantischen Dreitausendern und den vergleichsweise filigranen Skulpturen der Cinque Torri erklären, wie die charakteristischen Gesichter der einzelnen Bergrücken und Kämme am besten beschreiben? Die Dolomitenbevölkerung hat schon vor Urzeiten das sie umge-

SPRACHEN

Bitte, prego, prei bel – in den Dolomiten sind drei Sprachen zu hören: Italienisch, Deutsch, Ladinisch. In Belluno und Trentino wird vorwiegend Italienisch gesprochen, in Südtirol ist Deutsch zweite Amtssprache, und in den Tälern Gröden, Gadertal, Fassa, Ampezzo und Buchenstein hat sich das Ladinische erhalten.

TRADITION TRIFFT TOURISMUS

Masken, Töne und Turniere locken allerorten zu buntem Treiben

> Die feierlichen und kulturellen Höhepunkte in den Dolomiten sind eine Mischung aus traditionellen Bräuchen und originellen touristischen Veranstaltungen. Die sportlichen Großereignisse finden internationalen Zuspruch.

FEIERTAGE

1. Januar *Neujahr;* **6. Jan.** *Heilige Drei Könige;* **Ostermontag***;* **25. April** *Jahrestag der Befreiung vom Faschismus;* **1. Mai** *Tag der Arbeit;* **Pfingstmontag** *(nur in Südtirol);* **2. Juni** *Tag der Republik;* **15. Aug.** *Mariä Himmelfahrt;* **1. Nov.** *Allerheiligen;* **8. Dez.** *Mariä Empfängnis;* **25./26. Dez.** *Weihnachten*

FESTE UND VERANSTALTUNGEN

Februar/März

Bei der *Plodar Wosenacht* ziehen bei Sappada Festwagen und die Fastnachtsfigur „Rollate" durch die Dörfer.
Il Carnevale di Matoci: Umzug der Maskierten am Faschingssamstag in Valfloriana (Fleimstal)

Mai

Filmfestival internazionale della montagna „Città di Trento": In Trient werden die weltbesten Dokumentarfilme zum Thema Berg gekürt (1. Maiwoche).
www.mountainfilmfestival.trento.it

Juni

Oswald-von-Wolkenstein-Ritt: Beim Reiterturnierspiel im Schlerngebiet erscheinen die Mannschaften in der Orts-tracht, die Schlossherren in historischen Kostümen (Mitte Juni).
Feste Vigiliane: Die Bürger von Trient lassen zu Ehren des Stadtheiligen St. Vigilius eine Woche lang das Mittelalter wieder aufleben. *www.festevigiliane.it*

Juli

Sella Ronda Bike Day: Am ersten Julisonntag können die vier Pässe um den Sella verkehrsfrei beradelt werden.
www.sellarondabikeday.com
10 Giorni equestri: Reitturnier der Superlative in Predazzo im Fleimstal (Anfang Juli)

> EVENTS FESTE & MEHR

Bolzano Danza: Internationales Tanzfestival im Bozener Stadttheater (Mitte Juli)
I suoni delle Dolomiti: Musiker der verschiedensten Stilrichtungen treten an besonderen Plätzen auf: an Seen, in Schutzhütten, auf Berggipfeln (bis Mitte August). *www.isuonidelledolomiti.it*
Cavalese West: Am dritten Wochenende verwandelt sich Masi di Cavalese in ein Cowboy-Dorf mit Saloons, Märkten, Linedancing und Reitveranstaltungen.

August

Insider Tipp
Gröden in Tracht: Rund 600 Leute ziehen am ersten Wochenende mit Festwagen durch eins der drei Dörfer im Tal. Zeitgleich erinnert das *Mittelalterliche Stadtfest* in Belluno an den friedlichen Anschluss an die Republik Venedig im Jahr 1404, und beim *Lienzer Altstadtfest* duftet es nach Knödel und Kiachl.
Pieve di Cadore Filmfestival: internationale Dokumentarfilme über Kultur und Umwelt (1. Augustwoche)
Brunecker Sommerkonzerte in Bruneck

September

Zu den fünf *Konzerten* der Volksmusikgruppe Kastelruther Spatzen strömen etwa 50 000 Fans nach Kastelruth.
Dolomitenmann in Lienz: Teams wetteifern im Berglauf, Paragliding, Kanu- und Mountainbikefahren (Anfang September). *www.dolomitenmann.com*
Gran Festa da d'Istà: Vier Tage lang Umzüge und Zeltfeste in Canazei im Fassatal (1. Septemberwochenende)
Desmontegada delle caore: Almabtrieb der Ziegen rund um Cavalese, vier Tage wird gefeiert (Mitte September). Insider Tipp

Oktober

Stegener Markt: riesiger Vieh- und Krämermarkt am letzten Oktoberwochenende in Stegen bei Bruneck

Dezember

Advents- und Weihnachtsmärkte in den Innenstädten
Zweier- und Viererbob-Weltcuprennen in Cortina. *www.bobclubcortina.it*

> KNÖDEL ODER SPAGHETTI?

Die Tradition der bäuerlichen Bergbewohner harmoniert mit der Raffinesse italienischer Lebensart

> Neben Fußball, Ferrari und Mode gibt es in Italien nur ein Thema, das überall und immer lebhaft diskutiert wird: die Küche. Die Kioske quellen über von Gastronomiemagazinen, Rezepte werden wie heiße Börsentipps gehandelt und getauscht. Bei aller Verschiedenheit der Gebiete und der Sprachen ist man sich in einem einig: Das Leben ist zu kurz, um schlecht zu essen und zu trinken.

Auch wenn das Dolomitengebiet lange politisch zersplittert war, so gab es doch immer einen gemeinsamen Nenner, nämlich die Tradition der bäuerlichen Bevölkerung. Deren Küche spiegelt den Kreislauf der Natur: Getreide, Rüben, Kartoffeln, Kohl, Kraut und Kastanien kamen in fantasievollen Variationen auf den Tisch. Im Spätherbst wurde das Hausschwein geschlachtet, Speck und Fleisch gepökelt, in der Selchküche geräuchert und haltbar gemacht. Und jede Talschaft hatte ihr eigenes

Bild: Bruschetta

ESSEN & TRINKEN

Rezept für Würste wie die dünne *salsiccia,* die *lucanica,* Landjäger, oder die dicke *soppressa.*

Die *polenta,* der orangegelbe, grießige, feste Maisbrei, ist von der Spezialitätenkarte der italienischen Dolomiten nicht wegzudenken. Sie wird fast ausschließlich im Kupferkessel gekocht und ist obligater Begleiter von angebratenem Schmelzkäse, Schweinebraten, Kaninchen-, Pilz- und Wildgerichten.

Zu den Hauptdarstellern der Südtiroler Küche hingegen zählen die Speckknödel, die in der Suppe, als Beilage zum Fleischspeisen oder zu Salat gereicht werden. Die Südtiroler Schlutzkrapfen, mit Spinat und Topfen (Quark) gefüllte Teigtaschen, gibt es in den anderen Gebieten auch mit Sauerkraut, Roter Bete, Kürbis, Mohn oder Früchten gefüllt, gekocht oder gebacken. Sie heißen dann Tirtlen, *ciaroncie* oder *casonziei.*

Grundlage der Bohnensuppe, der *pasta e fagioli,* sind die braunen Bohnen aus der Gegend von Lamon bei Feltre. Eine andere typische Suppe der Belluneser Gegend ist die *panada* aus altbackenem Brot, Olivenöl, Salz und Salbei. Einst ein Armeleuteessen, ist der Stockfisch inzwischen zur Spezialität geworden, in traditioneller Zubereitung mit Milch und Sahne im Ofen gedünstet und mit Polenta verspeist.

Die traditionelle bäuerliche Viehhaltung und damit die Milchwirtschaft sorgen für ein reichhaltiges Angebot an Käsespezialitäten: vom

> SPEZIALITÄTEN

Genießen Sie die typische Südtiroler Küche!

canederli – italienisches Pendant zu den Tiroler Knödeln, oft (anstatt mit Speck) mit Parmesankäse oder Salami

carne salada – gepökeltes mageres Rindfleisch, dünn geschnitten

formaggio fritto – Almkäse, mit Weißwein, Ei und Milch in der Pfanne knusprig und goldbraun gebraten

Hauswurst – frische Schweinewurst, wird in Südtirol gesotten zu Sauerkraut gegessen

Kaminwurze – dünne, luftgetrocknete und angeräucherte Trockenwurst, die bei kaum einer Tiroler Brettljause fehlt

Knödel – faustgroße gekochte Klöße aus Semmeln, Eiern, Milch, Mehl und Speck. Statt Speck enthalten sie oft auch Käse, Spinat oder Pilze

Krapfen – gebackene Teigfladen, mit Mohn, Birnenmus, Aniszucker, Preiselbeeren oder sonstiger süßer Füllung (Foto)

lucanica, salsiccia – Schweinswurst, frisch gegrillt oder als Dauerwurst

minestra d'orzo – Gerstensuppe mit Gemüse und Selchfleisch

pasta e fagioli – dicke Suppe aus braunen Bohnen und kurzen Nudeln – ein Klassiker im Bellunesischen

polenta – Brei aus Maisgrieß, traditionell im Kupferkessel auf offenem Feuer unter ständigem Rühren gekocht

puzzone – wörtlich „Stinker", ein schmackhafter Schnittkäse aus dem Fassatal mit roter, stark riechender Rinde

Schiz, Tosèla – die beiden milden Frischkäse passen bestens zu Polenta

Schlutzkrapfen – mit Spinat gefüllte Teigtaschen, serviert mit zerlassener Butter und Parmesan

strangolapreti – gekochte Spinatknödelchen. Die „Priesterwürger" sollen zu Zeiten des Konzils von Trient von den Geistlichen sehr geschätzt worden sein

torta di patate – Fladen aus rohen, geraspelten Kartoffeln und Mehl, ähnlich wie Kartoffelpuffer

Zelten – Weihnachtsbrot mit Nüssen, kandierten Früchten, Rosinen

parmesanartigen Hartkäse bis zum weichen, streichfähigen Frischkäse.

Bei den Süßspeisen trifft man – neben so Bekanntem wie Tiramisu – als Hommage an die Habsburgerzeit den Apfelstrudel an. Vom Cadore und Val di Zoldo aus hat übrigens das Speiseeis seinen Siegeszug in die Städte Europas angetreten.

Nach deftigen Gerichten ist ein Schnapserl recht. Was den Bayern der Enzian, ist den Italienern der *grappa* in den verschiedensten Sorten: vom einfachen Klaren bis zu fassgereiften Spezialbränden. Dass er auch zusammen mit Kaffee gut schmeckt, können Sie testen, wenn der Wirt einen *caffè corretto* – einen mit einem Schuss Grappa „verbesserten" Espresso – serviert. Apropos Kaffee: Nach dem Essen ist immer ein *espresso* perfekt oder ein *caffè macchiato* (Espresso mit Milch). Der Cappuccino hingegen kommt nur zum Frühstück auf den Tisch.

Was von den Speisen gesagt wurde, trifft auch auf die Weine zu: Die großen landschaftlichen Unterschiede bringen eine vielfältige Weinkultur hervor. Lagrein, Vernatsch, Teroldego und Marzemino bei den Roten, Nosiola und Gewürztraminer bei den Weißen sind nur einige dieser althergebrachten Reben, aus denen große Weine gekeltert werden. Und wer kennt nicht den spritzigen Prosecco, den Aufsteiger unter den Aperitifweinen? Er kommt, wie manch guter, kräftiger Cabernet und Merlot, aus der Piavegegend, den Ausläufern der südlichen Dolomiten.

Auf einen gastronomischen Unterschied sei hingewiesen: In den italienischen Dolomiten gibt es, anders als im deutschen Sprachraum, nur zwei Tageszeiten für kräftige, warme Speisen: zu Mittag und am Abend. Außerhalb dieser Zeiten ist die Küche kalt. Italiener essen üblicherweise eine Vorspeise *(primo)* und eine Hauptspeise *(secondo)*, die Beilagen müssen oft separat bestellt und bezahlt werden. Nur in Trattorien und Berghütten werden auch komplette Tellergerichte angeboten.

Das perlt! Spritziger, frischer Prosecco

In den Restaurants liegen die Essenszeiten üblicherweise zwischen 12 und 14 sowie 19 und 21 Uhr (22 Uhr im italienischen Sprachraum). Die Berghütten und Ausflugsgasthäuser in Südtirol und neuerdings auch im Trentino bieten aber darüber hinaus auch am Nachmittag kleine warme Gerichte an.

EIN BISSCHEN DOLOMITEN, BITTE!

Die Berge lassen sich schwer in die Tasche stecken, leichter ist das mit den Spezialitäten der Region

> In den Dolomitenregion kleinere oder ganz besondere Mitbringsel und Erinnerungsstücke zu finden, ist nicht schwer. Immerhin liegt ein Großteil des Gebietes im Designerland Italien. Und der Südtirol-Teil hat das große Plus, ein bekanntes Weinbaugebiet zu sein. Gerade in den größeren Städten und Tourismuszentren müssen Einkaufsfreudige nicht lang suchen, die Auswahl ist groß!

DESIGN & BRILLEN

Im Land von Alessi und Ferrari fehlt es natürlich nicht an italienischem Design in den Schaufenstern. Die Vielfalt an diesbezüglichen Produkten wird nur noch von der Brillenindustrie übertroffen, die im Gebiet um Pieve di Cadore ihr Zentrum hat. Ob Sonnenbrillen oder spezielle, hochmoderne Sehhilfen – wenn Sie Qualität zu einem günstigen Preis suchen, sind Sie hier richtig.

KUNSTHANDWERK

Traditioneller geht es im Bereich der handwerklichen Künste zu. Seit Jahrhunderten verstehen es die Dolomitenbewohner, ihre enge Verbindung zur Natur durch kunstvolle Bearbeitung der Rohstoffe auszudrücken. Die Wurzeln der Grödner Holzschnitzerei reichen 350 Jahre zurück. Mit sakralen Figuren aus wohlriechendem Zirbelholz reisten die Wanderhändler früher durch halb Europa. Heute gibt es vor Ort eine Fülle von Krippenfiguren, Holzspielzeug und vieles mehr zur Auswahl. Die meisten Figuren werden zuerst aus Hartholz nach einer Metallvorlage vorgefräst und in Heimarbeit nachgeschnitzt und bemalt. Eine Orientierungshilfe bietet in St. Ulrich ein Besuch der *ART52* im *Kulturhaus*. In der *Galaria Unika* im *Typak-Center* in St. Ulrich stellen Künstler und Handwerker Einzelanfertigungen, Unikate eben, aus.

In Lienz und in Sottoguda, am Fuß der Marmolada, sind die einstigen Waffen- und Nagelschmieden des Mittelalters nun auf schmiedeeiserne Lampen, Treppen- und Balkongeländer spezialisiert.

> EINKAUFEN

MODE & SPORTMODE

Mit Sportbekleidung unterm Arm gleich noch auf einen Sprung zu Versace, Gucci oder Armani? Sei es elegante italienische Mode oder eine komplette Ausrüstung zum Klettern oder Wandern, zum Rad- oder Skifahren – in den Dolomiten lohnt sich ein Bummel auf der Suche nach Qualität oder Schnäppchen allemal. In den Voralpen, dem Grenzgebiet zu den Belluneser Bergen, und dann auch Richtung Montebelluna oder Asolo, liegen die Zentren der italienischen und sogar der europäischen Berg- und Skischuhproduktion. Ein Großteil der bekannten Marken wird hier produziert und in den Geschäften günstig verkauft. In den Städten, allen voran in Cortina, Bozen und Bruneck, stehen auch noch große Sportbekleidungsgeschäfte zur Wahl – und eine Unmenge Boutiquen bietet darüber hinaus ausgewählte Kollektionen aktueller und klassischer Mode aus schicken italienischen Stoffen und Schnitten.

NAHRHAFTES

Eine Fundgrube für Leckerbissen sind die Wochen- und Bauernmärkte mit ihren Pyramiden aus Äpfeln, Pilzen, Kastanien oder den vielen Radicchiosorten der Treviso-Gegend. Dazu passen das lange haltbare, knusprige Schüttelbrot, die vielen lokalen Bergkäsesorten, Kaminwurzen (geräucherte Trockenwürste) und Speck.

SÜFFIGES

Der Rebenanbau an den Dolomitenhängen bringt ausgezeichnete Weine hervor. Zu den Spezialitäten unter den Weinen, die in den Kellereigenossenschaften zu einem guten Preis erhältlich sind, zählen der St. Magdalener aus der Bozener Gegend oder der Marzemino aus dem Trentino, und an den südlichen Ausläufern der Dolomiten rund um Valdobbiadene und Conegliano liegt die Heimat des Prosecco. Unter den Schnäpsen gibt es viele Tropfen aus Holunder- oder Vogelbeeren, die nicht nur nach einem Ausflug in kühle Höhen wärmen.

> SÜDTIROL SCHÖPFT AUS DEM VOLLEN

Lebendige Städte, Reben, Almen, Wälder, Burgen, italienische Leichtigkeit und vertrautes Deutsch

> Seinen Ruf als eins der beliebtesten europäischen Urlaubsgebiete verdankt Südtirol vielen Vorzügen. Orte und Burgen liegen malerisch in die Landschaft aus markanten Dolomitengipfeln, herrlichen Wäldern und Weinterrassen eingebettet. Südtirol ist zwar die nördlichste Provinz Italiens, doch gleichzeitig auch das südlichste Gebiet des deutschen Sprachraums. Die Bewohner pendeln flexibel zwischen Deutsch und Italienisch und mancherorts Ladinisch hin und her. Das Gebiet der Dolomiten umfasst etwa ein Drittel Südtirols. Das Pustertal markiert die nördliche Grenze und zieht sich als grüne Senke von Brixen bis nach Österreich hin. Südlich davon bieten bekannte Urlaubsorte und wunderschöne Täler alles, was anspruchsvolle Urlauber suchen: Erholung in intakter Natur und attraktive Freizeitangebote im Sommer und im Winter. Wissenswertes über die ganze Re-

Bild: Brixen

SÜDTIROLER DOLOMITEN

gion finden Sie im MARCO POLO Band „Südtirol".

BOZEN (BOLZANO)

KARTE IN DER HINTEREN UMSCHLAGKLAPPE

[108 B4] Die Landeshauptstadt von Südtirol (97 000 Ew.) liegt am Zusammenfluss von Eisack, Etsch und Talfer, umgeben von ausgedehnten Obstkulturen und mit Reben bepflanzten Hängen. Über ihre Dächer und Türme lugen die berühmten, charakteristischen Dolomitengipfel Schlern und Rosengarten. Im Westen der Stadt breitet sich moderne, italienisch geprägte Architektur aus, von der Altstadt durch die Talfer getrennt.

Anders als sonst in Südtirol sprechen in Bozen rund 70 Prozent der Einwohner Italienisch und nur

30 Prozent Deutsch. Die Mischung aus traditioneller Tiroler Alltagskultur und mediterranem Flair fällt schon bei einem Bummel durch die Altstadt mit ihren engen Gässchen

„Ötzi" im Archäologiemuseum: So kleidete man sich vor 5300 Jahren

und vielen Cafés auf. Zentraler Punkt ist der *Waltherplatz* mit dem Denkmal des Dichters Walther von der Vogelweide. Die Promenaden an den Hängen bieten schöne Blicke auf die Stadt.

SEHENSWERTES

ALTE GRIESER PFARRKIRCHE

Insider Tipp

Die gotische Pfarrkirche im Stadtteil Gries beherbergt zwei Kostbarkeiten: einen Flügelaltar des berühmten Holzschnitzers Michael Pacher sowie ein romanisches Kruzifix aus dem 13. Jh. *April–Okt. Mo–Fr 10.30–12 u. 14.30–16 Uhr*

DOM

Die Bozner nennen den um 1500 erbauten Dom liebevoll die „Pfarrkirche". Der 62 m hohe, filigrane Turm des gotischen Kirchenbaus ist markantes Wahrzeichen der Stadt.

LAUBENGASSE UND OBSTPLATZ

Mit ihren Laubengängen bildet die Gasse die zentrale Einkaufsstraße der Stadt, ihre „goldene Ader". Die schmalen Häuser stammen bis auf wenige Ausnahmen aus der späten Gotik. Die Gasse mündet auf den Obstplatz. Der Marktplatz, von dem schon Goethe begeistert war, zieht sich an einer schönen Fassadenzeile entlang, gesäumt von üppig beladenen Obst- und Gemüseständen.

MMM FIRMIAN ★

Das neueste Museum von Südtirols berühmtestem Bergsteiger Reinhold Messner befindet sich auf Schloss Sigmundskron bei Bozen und erzählt von der Entstehung, Erhabenheit und Eroberung der Gebirge. *Di–So 10–18 Uhr | Sigmundskroner Str. 53 | Eintritt 8 Euro | www.messnermountainmuseum.de*

NATURMUSEUM SÜDTIROL

Insider Tipp

Auf spielerische Art – multimedial und anhand von Dioramen und Modellen – wird die Entstehung typischer Südtiroler Lebensräume und Landschaften gezeigt, ihre Geologie, Fauna und Flora. *Di–So 10–18 Uhr | Bindergasse 1 | Eintritt 5 Euro | www.naturmuseum.it*

SCHLOSS RUNKELSTEIN

Am Eingang zur Sarnerschlucht im Norden der Stadt liegt auf einem Felsvorsprung die um 1237 erbaute, im Inneren freskengeschmückte Burg. Gemütliche Schlossschänke. Kurzer, steiler Fußweg ab Parkplatz bzw. Bushaltestelle. *März–Jan. Di–So 10–18 Uhr | Eintritt 8 Euro*

SÜDTIROLER ARCHÄOLOGIEMUSEUM ★

Das „Ötzi-Museum" zeigt nicht nur den berühmten Mann aus dem Eis, den man 1991 fand, sondern auch viel Wissenswertes zur Ur- und Frühgeschichte Südtirols. *Di–So 10–18 Uhr (Do bis 20 Uhr) | Museumstr. 43 | Eintritt 8 Euro | www.archaeologiemuseum.it*

ESSEN & TRINKEN

BATZENHÄUSL ▶▶

An die junge Szene angepasstes, traditionsreiches Wirtshaus. Kleiner Garten. *Mo geschl. | Andreas-Hofer-Str. 30 | Tel. 04 71 05 09 50 | €*

FISCHBÄNKE

Insider Tipp

Originelle Kneipe: Auf den Marmortischen der ehemaligen Fischverkaufsstände werden Wein, Bier und Imbisse serviert. *Mitte Okt.–Mitte April sowie Sa abends u. So geschl. | Dr.-Streiter-Gasse 28 | €*

LAURIN

Das Hotelrestaurant mit Park zählt zu den besten Adressen Südtirols. Auf der Karte stehen internationale, einheimische und italienische Gerichte. *So mittags geschl. | Laurinstr. 4 | Tel. 04 71 31 10 00 | www.laurin.it | €€€*

VÖGELE

Traditionsreiches Restaurant (vormals „Roter Adler") mit feiner bo-

MARCO POLO HIGHLIGHTS

★ Pragser Wildsee
In natura eindrucksvoller als auf Postkarten (Seite 41)

★ Fanesalm
Wanderungen am Sagenschauplatz (Seite 44)

★ Landesmuseum für Volkskunde
Traditionelle Architektur Südtirols in Bruneck (Seite 39)

★ Bletterbachschlucht
Die geologische Entwicklung der Dolomiten (Seite 46)

★ Drei Zinnen
Das Dreigestirn von seiner schönsten Seite (Seite 41)

★ Klosterkellerei Neustift
Weinkultur in herrlichem Ambiente bei Brixen (Seite 37)

★ Südtiroler Archäologiemuseum
In Bozen ist „Ötzi" zu Hause (Seite 33)

★ MMM Firmian
In einer mittelalterlichen Festung entfaltet sich die Faszination der Berge (Seite 32)

denständiger und italienischer Küche, zentral in der Fußgängerzone gelegen, mit gemütlicher, getäfelter Gaststube. An der Theke im Schankraum treffen sich Kaufleute und Stadtbummler bei Kaffee oder Wein zu einem Plausch. *So geschl. | Goethestr. 3 | Tel. 04 71 97 39 38 | €€*

EINKAUFEN

GÄRTNEREI SCHULLIAN

Zypressen, Oliven- und Granatapfelbäume, Palmen für den Wintergarten, Topf- und Staudenpflanzen hält diese Gärtnerei bereit. *Meraner Str. 75*

SEIBSTOCK

Ein wahrer Tempel der Köstlichkeiten mit den ausgefallensten Delikatessen Italiens, wie feinen Wurstwaren, verschiedenen Käsesorten, Teigwaren und Ölen. *Lauben 50*

SÜDTIROLER WERKSTÄTTEN

Heimisches Kunsthandwerk aus Holz und Keramik; Textilien, Mode- und Trachtenschmuck gibt es im *Merkantilgebäude (Lauben 39).*

WEIN

Südtiroler Wein liegt im Trend, unter den Bozner Weinen etwa der St. Magdalener und der Lagrein – zu kaufen bei *Enovit (Dr.-Streiter-Gasse 30)* oder bei der *Kellereigenossenschaft Bozen (Grieser Platz 2).*

> LOW BUDGET

- Das Kulturzentrum *Centro Trevi (Kapuzinergasse 28 | Bozen | Tel. 04 71 30 09 80)* verleiht kostenlos iPods mit einem integrierten Sprachlernprogramm. Knopf ins Ohr und hinein ins Italienische. Wer den MP3-Player selbst mitbringt, kann die Sprachkurse kostenlos aufladen.
- In der ersten Junihälfte füllt sich *Bozen* unter dem Motto „Jazz and other" mit rhythmischen Klängen – auch auf den freien Plätzen der Stadt! *www.jazzfestivalbz.com*
- Die Skibus-Verbindungen zu den wichtigsten Aufstiegsanlagen in *St. Ulrich, St. Christina* und *Wolkenstein* sind mit Gästekarte kostenlos.
- Vom Bozener Waltherplatz verkehrt regelmäßig ein Gratisbus nach *Schloss Runkelstein* – Innenhof und Burgschenke sind frei zugänglich.

ÜBERNACHTEN

GREIF

Im modernen, komfortablen Hotel hinter historischer Fassade wurde jedes der 33 Zimmer von einem anderen Künstler gestaltet. *Waltherplatz | Tel. 04 71 31 80 00 | Fax 04 71 31 81 48 | www.greif.it | €€€*

HANNY

Die Weingärten des Weilers St. Peter umgeben den Gasthof. Dessen Besitzer steht selbst am Herd. *16 Zi. | St. Peter 4 | Tel. 04 71 97 34 98 | Fax 04 71 30 04 74 | www.hotelhanny.it | €€*

MONDSCHEIN

Das zentral gelegene Hotel wurde schön renoviert, Spitzenkoch Karl Unterhofer wartet mit exquisiten Gaumenfreuden auf. Garten und getäfelte Gaststube, Parkgarage. *76 Zi. | Piavestr. 15 | Tel. 04 71 97 56 42 | Fax 04 71 97 55 77 | www.hotelluna.it | €€€*

AM ABEND

FILMCLUB

Im Capitol-Kino werden neben den neuesten Produktionen auch Retrospektiven gezeigt. Drei Säle, Bar, kleines Restaurant. *Dr.-Streiter-Gasse 8d* | *www.filmclub.it*

FREIZEIT & SPORT

SEILBAHNEN

Drei Seilbahnen verbinden die Stadt mit den umliegenden Bergen und deren Dörfern. Die Rittnerbahn führt auf die beliebteste Sommerfrische der Bozner, den *Ritten* (1200 m).

Waltherplatz: der Sockel des Walther-von-der-Vogelweide-Denkmals, hinten der Dom

HOPFEN & CO

Im Schankraum, der die Gäste kaum fasst, blitzt der bauchige kupferne Kessel in Bozens einziger Gasthofbrauerei. Regelmäßig buntes Live-Musikprogramm. *Mo–Sa 9.30–1 Uhr* | *Obstplatz 17*

NADAMAS

Das große, verwinkelte Ess- und Trinklokal zieht viel Jugend an. Laut, aber gemütlich. *Mo–Sa 9–1 Uhr* | *Obstplatz 44*

Auch die Bergstationen *Jenesien* und *Kohlern* sind beliebte Ziele.

AUSKUNFT

VERKEHRSAMT BOZEN

Waltherplatz 8 | *Tel. 04 71 30 70 00* | *Fax 04 71 98 01 28* | *www.bolzano-bozen.it*

ZIEL IN DER UMGEBUNG

SARNTAL [108 B3–4]

In diesem Tal, das sich von Bozen aus nach Norden hinzieht und in einer halben Autostunde erreichbar ist, hat sich viel altes Brauchtum erhalten. So kann man vor Ort unter anderem Federkielstickerei fürs Trachtenzubehör und Produkte aus Latschenkiefernöl erstehen.

BRIXEN (BRESSANONE)

[109 D–E2] **Am Zusammenfluss von Rienz und Eisack liegt die geschichtsträchtige Kleinstadt Brixen (18 600 Ew.). Die Weinreben an den Hängen geben dem Hauptort des Eisacktals einen südlichen Akzent.** In der Altstadt bilden Dom, Kreuzgang, Domplatz, Laubengänge und Stadttore mit anderen Denkmälern einen nahtlosen kunsthistorischen Parcours. Etwas weiter südlich sucht sich der Ort *Klausen* seinen Platz in der Talenge, bevor sich die Berge bis Bozen wieder so nahe zusammendrängen, dass kaum Platz für Fluss, Straße und Bahn bleibt.

Hervorragend restaurierte Fresken im Kreuzgang des Brixener Doms

SEHENSWERTES

DIÖZESANMUSEUM

In der Hofburg, der einstigen Residenz der Fürstbischöfe, werden Kunstschätze aus vielen Epochen gezeigt. Auch die Krippenabteilung zieht Besucher an. *Mitte März–Okt. Di–So 10–17 Uhr, Dez.–Jan. 14–17 Uhr | Hofburgplatz 2 | Eintritt 6 Euro | www.dioezesanmuseum.bz.it.*

KREUZGANG

Die Wände und (gotischen) Kreuzrippengewölbe des romanischen Kreuzgangs fügen sich zu einer Bilderbuchbibel, ihre gotischen Fresken stellen zumeist Szenen aus der Heiligen Schrift dar. *Domplatz*

PHARMAZIEMUSEUM

Das jüngste unter den Museen Südtirols dokumentiert über 400 Jahre Pharmaziegeschichte. Auch für Laien höchst interessant. *Di, Mi 14–18, Sa 11–16 Uhr | Adlerbrückengasse 4 | Eintritt 3,50 Euro | www.pharmazie.it*

ESSEN & TRINKEN

FINSTERWIRT

In diesem Gasthaus mit historischem Flair speist man im Künstlerstübele im ersten Stock. Unten in der Kapitelschänke gibt es kleine Gerichte. Gute Weinkarte, Garten. *So abends u. Mo geschl. | Domgasse 3 | Tel. 04 72 83 53 43 | €€*

TAPAS BISTRÒ

Appetithappen, Bruschette & Co genießt man im gemütlichen, zentralen Bistro. *So geschl. | Kreuzgasse 2 | Tel. 04 72 20 10 30* | €

TRAUBENWIRT

Das historische Laubenwirtshaus wurde modernisiert und bietet mediterrane Küche. *So geschl. | Kleine Lauben 9 | Tel. 04 72 83 65 52 | www.traubenwirt.it* | €€

EINKAUFEN

KLOSTERKELLEREI NEUSTIFT ★

Die knapp vor Brixen gelegene Kellerei ist bekannt für ihren eleganten, fruchtigen Eisacktaler Weißwein. Schon das Ambiente des Klosters mit Kellerei und Schankraum ist den Besuch wert. *Augustiner Chorherrenstift Neustift | Vahrn | Stiftstr. 1 | www.kloster-neustift.it*

ÜBERNACHTEN

HOTEL ELEPHANT

Das traditionsreiche Haus mit holzgetäfelten Stuben wartet auch mit feiner Küche und Produkten aus eigener Landwirtschaft auf. *44 Zi. | Weißlahnstr. 4 | Tel. 04 72 83 27 50 | Fax 04 72 83 65 79 | www.hotelelephant.com* | €€€

PENSION MAYRHOFER

Der historische Bau liegt ruhig im Zentrum. *12 Zi. | Trattengasse 17 | Tel. 04 72 83 63 27 | Fax 04 72 20 01 72 | www.mayrhofer.it* | €€

AM ABEND

LA HABANA

Das gemütliche Lokal unter den Lauben verfügt über eine Zigarrenecke und Stühle im Freien. *So geschl. | Große Lauben 14*

WEINGALERIE

Vinothek mit Verkostung von Weinen und Grappas. Es gibt Kleinigkeiten zu essen und gelegentlich Veranstaltungen wie Verkostungslehrgänge und Pianoabende. Donnerstagabends

Filigran: mit Federkielstickerei verziertes Trachtenzubehör aus dem Sarntal

Bistroküche. *Tgl. 9.30–13 u. 16–24 Uhr (Do, Fr bis 1 Uhr) | Weißlahnstr. 10 | Tel. 04 72 83 60 01 | www.weingalerie.it*

AUSKUNFT

TOURISMUSVEREIN BRIXEN

Bahnhofstr. 9 | Tel. 04 72 83 64 01 | Fax 04 72 83 60 67 | www.brixen.org

ZIELE IN DER UMGEBUNG

KLAUSEN (CHIUSA) [109 D3]

10 km südlich von Brixen liegt an der Eisack dieses historische Städtchen (4600 Ew.). Der Bergbau hat die Bürger reich gemacht, die schönen alten Häuser scharen sich um den

felsigen Burghügel. Dort thront das *Kloster Säben,* das 1494 schon Albrecht Dürer Modell für einen Kupferstich stand. Der sehenswerte Kloster- und Kirchenkomplex ist auf einem etwas steilen, aber guten Fußweg in einer halben Stunde erreichbar. Den Aufgang zum Burghügel von Säben bewacht die in Privatbesitz befindliche *Burg Branzoll,* in der viele Jahrhunderte lang die Klausner Stadtrichter wohnten.

Die bekannteste Sammlung des *Stadtmuseums* ist der Loretoschatz. Die spanische Königin Maria Anna stiftete die sakralen Gegenstände 1699 als Andenken an ihren Beichtvater Gabriel Pontifeser aus Klausen. *April–Juli Di–Sa 10–12 u. 16–19 Uhr, Aug.–Okt. Di–Sa 9.30–12 u. 15.30–18 Uhr | Kapuzinerkloster | Frag 1 | Eintritt 3 Euro*

Der traditionsreiche *Gasthof Walther von der Vogelweide (Mo geschl.)* ist in einem Haus aus dem 14. Jh. mit Garten am Eisackufer untergebracht *(10 Zi. | Oberstadt 66 | Tel. 04 72 84 73 69 | €).* Wer eine Flasche Wein mit nach Hause nehmen möchte, ist bei der Insider Tipp *Eisacktaler Kellereigenossenschaft* gut bedient *(Leitach 50 | Autobahnausfahrt am Nordrand von Klausen 7).* Auskunft: *Tourismusverein Klausen (Thinneplatz 6 | Tel. 04 72 84 74 24 | Fax 04 72 84 72 44 | www.klausen.it).*

VILLNÖSSTAL [109 D–E3]

Reinhold Messner, der Extrembergsteiger und Abenteurer, ist in Villnöß (2400 Ew., 18 km südlich von Brixen) geboren und hat hier das Klettern gelernt. Am Ende des vom Eisacktal nach Osten abzweigenden Tals beginnt der *Naturpark Puez-Geisler,* ein ideales Gebiet für Naturliebhaber, Wanderer, Kletterer.

Im *Gostnergraben* am Taleingang sind im brüchigen vulkanischen Porphyr-Tuff Geoden eingebettet, kugelförmige Gebilde, in deren Innerem Kristalle ausgebildet sind: Im *Mineralienmuseum Teis* sind wahre Schätze zusammengetragen. *So vor Ostern bis So nach Allerheiligen Di–Fr 10–12 u. 14–16, Sa, So 14–17 Uhr | Villnöß-Teis | Vereinshaus | Eintritt 4 Euro | www.mineralienmuseum-teis.it*

Im *Restaurant Pitzock* genießen Sie kreative Küche in angenehmer Atmosphäre auch auf der Terrasse, darunter Fischgerichte und traditionelle Speisen in neuem Mantel. *(Tgl. | St. Peter 106 | Tel. 04 72 84 01 27 | www.pitzock.com | €€).* Auskunft: *Tourismusverein Villnöß (St. Peter 11 | Tel. 04 72 84 45 55 | Fax 04 72 84 01 80 | www.villnoess.com).*

BRUNECK (BRUNICO)

[110 A2] **Bruneck (15 000 Ew.) ist das unbestrittene Zentrum des Pustertals. Vor rund 800 Jahren erbaute der Brixner Fürstbischof Bruno die Burg und gründete die Stadt.** Die Stadtmauern umschließen ringförmig den Burghügel, der alte Grundriss der Stadt, Mauern und Tore sind noch bestens erhalten. Die verkehrsfreie historische Altstadt ist mit ihren Häusern aus der späten Gotik, den vielen Geschäften und Gasthäusern eine Attraktion ersten Ranges. Im südlichen Vorort Reischach reiht sich ein Hotel an das andere, von hier starten die Aufstiegsanlagen auf den *Kronplatz,* den 2275 m hohen Ski- und Wanderberg Brunecks.

SEHENSWERTES

LANDESMUSEUM FÜR VOLKSKUNDE ★

Im Freigelände von etwa 4 ha stehen über 20 Gebäude, die einen Einblick in das Leben vergangener Zeiten geben: Ställe, Stadel, Mühlen, Almhütten mit Stroh- und Schindeldächern. *Ostermontag–Okt. Di–Sa 9.30–17.30, So 14–18 Uhr | Dietenheim bei Bruneck (2 km nordöstlich) | Herzog-Diet-Str. 24 | Eintritt 5 Euro*

STADTMUSEUM

Neben zeitgenössischer Kunst präsentiert das Museum auch herausragende Beispiele lokaler sakraler Kunst, wie den spätgotischen Flügelaltar von Simon und Veit von Taisten oder Werke von Michael Pacher, Friedrich Pacher und des Meisters von Uttenheim. *Di–Fr 15–18, Sa, So 10–12 Uhr | Bruder-Willram-Str. 1 | Eintritt 2,50 Euro | www.stadtmuseum-bruneck.it*

ESSEN & TRINKEN

WEISSES LAMM

Die Gaststätte im ersten Stock eines historischen Hauses in der Altstadt wartet mit bodenständiger Kost auf. Hier treffen sich auch Einheimische zu Wein und Kartenspiel. *So geschl. | Stuckstr. 5 | Tel. 04 74 41 13 50 |* €

In der Altstadt: so sauber und adrett, dass man sich in der Schweiz wähnt

ÜBERNACHTEN

GOLDENE ROSE

Teile der alten Stadtmauer und des runden Stadtturms sind ins modern und komfortabel ausgebaute Haus integriert. Parkgarage. *21 Zi. | Graben 36 B | Tel. 04 74 41 30 00 | www.royal-hinterhuber.com |* €€

OBERRAUT
Im vorzüglichen Gasthof Oberraut *(€€€)* gibt es traditionelle und verfeinerte Küche. Die sechs Zimmer des traumhaft über dem Brunecker Tal gelegenen Hauses sind recht preiswert *(€)*. *Amaten bei Percha 1 | Tel. 04 74 55 99 77 | Fax 04 74 55 99 97*

FREIZEIT & SPORT

PFERDESPORT
Anspruchsvolle Pferde- und Reitfans sind in Olang beim *Residence Tolderhof* richtig. Der Hof ist dem Hotel Post angeschlossen. *Olang | Kirchgasse 6 | Tel. 04 74 49 61 27 | www.posthotel.bz.it*

PUSTERTALER RADWEG
Die 33 km lange Strecke führt durch wunderschöne Landschaft leicht abwärts von Innichen nach Bruneck. Von dort geht es mit Bus oder Bahn nach Innichen oder Toblach zurück. 500 Höhenmeter werden überwunden; ausgeschildert.

AUSKUNFT

TOURISMUSVERBAND KRONPLATZ
Bruneck | Michael-Pacher-Str. 11a | Tel. 04 74 55 54 47 | Fax 04 74 53 00 18 | www.kronplatz.com

TOURISMUSVERBAND HOCHPUSTERTAL
Innichen | Pflegeplatz 1 | Tel. 04 74 91 31 56 | Fax 04 74 91 43 61 | www.hochpustertal.info

ZIELE IN DER UMGEBUNG

INNICHEN (S. CANDIDO) **[110 C3]**
Im Ortskern von Innichen (3100 Ew., 32 km östlich von Bruneck) zieht der mächtige *Dom* die Besucher in seinen Bann. Sehenswert sind die romanische Kreuzigungsgruppe über dem Hochaltar, das Kuppelfresko, die Krypta und die Holzstatue des hl. Candidus, des Ortspatrons, von 1240.

Bereits 769 wurde von Herzog Tassilo in Innichen das erste Tiroler Stift gegründet. Im *Museum* neben der Stiftskirche sind der Domschatz, sakrale Kunst sowie eine Urkunden-

Fischleintal: Im Frühjahr ist der Andrang an den Hütten noch nicht so groß

und Handschriftensammlung ausgestellt. *Juni–Mitte Okt. Do–Sa 17–19, So 10–11 Uhr (Mitte Juli, Aug. auch Di–Sa 10–11, So 10–12, Di 20–22 Uhr) | Eintritt 4 Euro*

Insider Tipp

Damen- und Herrenfilzhüte, Strickwaren und Filzpantoffeln mit dem Markenzeichen „Haunold" erzeugt und verkauft *Johann Zacher* in einem jahrhundertealten Bürgerhaus im *Burgweg 2.* Einer der größten Produzenten von Speck und Wurstwaren Italiens ist die Firma *Senfter.* Das Familiengeschäft liegt in der *Alten Marktstr. 4.* Gut speisen und nächtigen können Sie im historischen Gasthof *Grauer Bär* im Zentrum, mit Dachterrasse und Sauna. *24 Zi. | P.-P.-Rainer-Str. 2 | Tel. 04 74 91 31 15 | www.orsohotel.it | €€€*

NIEDERDORF (VILLABASSA) [110 B3]

Im Wassermannhaus des 23 km östlich gelegenen Ortes ist das *Fremdenverkehrsmuseum Hochpustertal* untergebracht, das die Geschichte des Tourismus unterhaltsam dokumentiert. *Dez.–Feb., Mai, Juni Fr–So 16–19 Uhr (Sa auch 9–12 Uhr), Juli–Sept. Di–So 16–19 Uhr | Hans-Wassermann-Str. 8 | Eintritt 3 Euro*

PRAGSER WILDSEE (LAGO DI BRAIES) ★ [110 B3]

Ein beliebtes Kalender- und Ansichtskartenmotiv: Aus dem türkisfarbenen See, 28 km südöstlich von Bruneck, steigt eine gelb-weiße Felswand empor und türmt sich über 1000 m hoch zum Gipfel des *Seekofels* (2810 m) auf. Am Ufer laden Holzruderboote zu einer Bootspartie ein. Gebührenpflichtiger Parkplatz am Nordrand des Sees.

SEXTEN (SESTO) [111 D3]

Im Osten Südtirols liegt ein wunderschönes Bergtal (2000 Ew., 39 km östlich von Bruneck), das sich mitten in einen Kranz von stolzen Gipfeln vorschiebt. Je nach Sonnenstand lässt sich von den Bergspitzen, die Elfer, Zwölfer und so weiter heißen, die Uhrzeit ablesen. Das gab ihnen den Namen *Sextner Sonnenuhr.*

Das *Fischleintal,* ein Seitenarm Sextens, zählt zu den beeindruckendsten Dolomitenlandschaften. Von dort führt eine Wanderung auf 2405 m zur Dreizinnenhütte, die direkt unter den ★ *Drei Zinnen* (2999 m) liegt, den Symbolbergen der Dolomiten. Mitten in den Almwiesen des Fischleintals liegt das vom legendären Bergführer Sepp Innerkofler gegründete Hotel *Dolomitenhof,* das sich noch in Familienbesitz befindet. Loipen und Wanderwege führen direkt am Haus vorbei. *41 Zi. | Sexten | Fischleintalstr. 33 | Tel. 04 74 71 30 00 | www.dolomitenhof.com | €€–€€€*

In Sexten steht auch die ▶▶ *Dolomit-Arena,* die höchste Kletterhalle Italiens (16,5 m). An den künstlichen Felsen sind 36 verschiedene Routen unterschiedlicher Schwierigkeit installiert. *Jan., Feb., Juli, Aug. tgl. 11–23 Uhr, sonst Mo geschl. | Sexten | Waldheimstr. 23 | Tel. 04 74 71 00 96 | www.dolomitarena.it*

TOBLACH (DOBBIACO) [110 C3]

Vor dem Ersten Weltkrieg zogen die damals luxuriösesten Hotels der Donaumonarchie den Adel nach Toblach (3200 Ew., 26 km östlich von Bruneck). Und Gustav Mahler verbrachte hier etliche Sommer im Trenkerhof in seinem Komponierhäuschen. Angrenzendes Wildgehege. *Gustav-Mahler-Stube | Juli–Sept. Di u. Sa 11–12 Uhr und n. V. | Toblach-Altschluderbach 3 | Eintritt frei | Tel. 04 74 97 23 47 | www.gustav-mahler.it*

An den Talhängen wird das Gras vielfach noch mit der Sense gemäht

Das Lokal *Enzianhütte* am Nordrand von Toblach mit Pusterer Gerichten lebt vom Engagement der Wirtin Elisabeth Kröll *(Mo geschl. | Silvesterstr. 31 | Tel. 04 74 97 90 71 | €)*. Das Insider Tipp ▶▶ *Artcafé Englös* ist ein schönes Café in einem historischen Gebäude mit Kunstausstellungen und Lesungen *(So geschl. | Graf-Künigl-Str. 5 | Tel. 04 74 97 20 90)*. In Toblach ist die neue, große *Schaukäserei* der Stolz der Toblacher und Innicher Molkereigenossenschaften. Sie offeriert eine breite Palette an Bergkäse. *Di–Sa 8–19, So 10–18 Uhr | Pustertalerstraße | Eintritt 5,50 Euro*

GADERTAL (BADIA)

[109 F2–3, 110 A2–4] **In St. Lorenzen bei Bruneck, wo sich der Gaderbach mit der Rienz vereinigt, beginnt das Gadertal (6900 Ew.).** In den schmucken Dörfern herrscht zur Saison pulsierendes Leben, das *Hochabteital* – der südliche Teil des Gadertals – ist zu einem Fremdenverkehrsgebiet ersten Ranges aufgestiegen. Wegen der Länge der Pisten, der touristischen Infrastruktur und der Ski-Weltcupveranstaltungen zählt es mit Cortina und Gröden zu den Top-Tourismuszentren in den Dolomiten.

Die Einheimischen verwenden mit Stolz die ladinische Sprache. Sich mit den ladinischen Ortsnamen zurechtzufinden ist nicht immer einfach, doch die Ortsschilder sind dreisprachig – Beispiel: La Valle/Wengen/La Val.

SEHENSWERTES

BAROCKKIRCHEN

Insider Tipp

In *St. Vigil* und in *St. Leonhard-Pedratsches* stehen zwei Kirchen, die wegen ihrer Stilreinheit zu den schönsten Barockkirchen im Land zählen.

LADINISCHES LANDESMUSEUM

Oberhalb des Dorfes St. Martin steht *Schloss Thurn*, der alte Gerichtssitz des Tales. Die Anlage beherbergt das Ladinische Landesmuseum. In multimedialer Form werden Sprache, Kultur und Geschichte der ladinischen Bevölkerung dargestellt. *April–Okt. Di–Sa 10–18, So 14–18 Uhr, Dez.–März Mi–Fr 14–18 Uhr | St. Martin in Thurn | Torstr. 72 | Eintritt 5,50 Euro | www.museumladin.it*

ESSEN & TRINKEN

CIABLUN

Ciablun heißt so viel wie „schöne Aussicht", und die gibt es hier fürwahr! Im gemütlichen kleinen Lokal tischt Anna Dapoz ladinische Spezialitäten auf. *So geschl. | Wengen | Ortsteil Runch | Tel. 04 71 84 30 94 |* €

GASTHOF DASSER

An der Theke treffen sich die Einheimischen zum Plausch, in den rustikalen Stuben werden traditionelle ladinische Küche, italienische Vorspeisen und Wildspezialitäten serviert. Außerdem gibt es hier 16 Gästezimmer. *So abends u. Mo geschl. | St. Martin | Zentrum 11 | Tel. 04 74 52 31 20 |* €€

LA SIRIOLA

Das Restaurant des Hotels *Ciasa Salares* wird vom Chef des Hauses, Stefan Wieser, geführt: kreative regionale Küche auf höchstem Niveau. *Mo geschl. | St. Kassian | Armentarola | Tel. 04 71 84 00 92 | www.siriolagroup.it |* €€€

ÜBERNACHTEN

GRAN ANCEI

Das frei und sonnig liegende Hotel in Armentarola hat eine besonders großzügige Wellnessabteilung. *27 Zi. | St. Kassian | Prè de Costa 10 | Tel. 04 71 84 95 40 | Fax 04 71 84 92 10 | www.granancei.com |* €€–€€€

HAUS TAMARINDO

Die schöne neue Frühstückspension liegt an einem sonnigen Hang. *11 Zi. | Stern | Plaon-Str. 20 | Tel. 04 71 84 40 96 | Fax 04 71 84 49 06 | www.tamarindo-lavilla.it |* €

ROSA ALPINA RELAIS & CHÂTEAU

In diesem Haus für allerhöchste Ansprüche werden die Gäste rundum verwöhnt – auch mit exzellenter

> HEUBÄDER

Vom Hausmittel zur Wellnessanwendung

Das Heubad hat in Völs lange Tradition – seit der Wende zum 20. Jh. wird das würzige, von Kräutern durchsetzte Heu der Seiser Alm zur Kur genutzt. Mit den duftenden Gräsern bedeckt, bis nur noch der Kopf herausschaut, kommen Kreislauf und Stoffwechsel ordentlich in Schwung. So eine Schwitzkur soll bei vielen Beschwerden helfen. Auszuprobieren zum Beispiel im komfortablen *Hotel Heubad* in Völs am Schlern *(43 Zi. u. Suiten | Obervöls | Tel. 04 71 72 50 20 | www.hotelheubad.com | €€€)* mit fast hundertjähriger Tradition oder im Vigiler Heubadl im *Verleierhof St. Vigil*, einem rustikalen Badehaus mit 18 Heubetten, wo Frau Mayrl ihre langjährige Erfahrung als Heu-Bademeisterin einsetzt *(St. Vigil 12 | Seis am Schlern | Tel./Fax 04 71 70 71 43 | €).*

Küche. *53 Zi.* | *St. Kassian* | *Tel. 04 71 84 95 00* | *Fax 04 71 84 93 77* | *www.rosalpina.it* | €€€

FREIZEIT & SPORT

WANDERUNG ZUM HEILIGKREUZ-HOSPIZ

Eine der schönsten Dolomitenwanderungen (3–4 Std.) führt unterhalb des Heiligkreuzkofels zum Dorf *Wengen*. Mit dem Sessellift geht es von *Pedratsches* auf 1840 m, weiter in ca. 1 Std. zum *Heiligkreuz-Hospiz* auf 2045 m (mit Einkehrmöglichkeit, €), dann nordwärts, leicht absteigend, über herrliche Almen mit schöner Aussicht auf Wengen. Zurück geht es mit Bus oder Taxi.

AUSKUNFT

WERBEGEMEINSCHAFT ALTA BADIA

Corvara (Kurfar) | *Col Alt 36* | *Tel. 04 71 83 61 76* | *Fax 04 71 83 65 40* | *www.altabadia.org*

TOURISMUSVEREIN ST. MARTIN

St. Martin in Thurn | *Dorf 10* | *Tel. 04 74 52 31 75* | *Fax 04 74 52 34 74* | *www.sanmartin.it*

ZIEL IN DER UMGEBUNG

FANESALM (ALPE DI FANES) ★ [110 A3–4]

Die Hochfläche ist unbedingt einen Ausflug wert. Im Hochsommer ist die Fanesalm ein einziges Blütenmeer, aus dem eine Reihe von kleinen Seen hervorblitzt. Mittendrin liegt die *Faneshütte*, ein beliebtes Ausflugsziel. Anfahrt ab St. Vigil-Enneberg bis zum Talende (12 km), von Pederü (Parkplatz) geht es dann zu Fuß weiter zur Fanesalm in 1,5 Stunden.

GRÖDEN (VAL GARDENA)

[109 D–E3–4] **Das etwa 30 km lange Grödner Tal zieht sich vom Eisacktal aus nach Osten, mit grünen Wiesen, einem Band von dunklen Wäldern und darüber den einzigartigen Dolomitenzacken.** Zu Füßen des Langkofels liegen die Ortschaften *St. Ulrich, St. Christina* und *Wolkenstein* mit insgesamt 10100 Ew. Auf dem Friedhof von St. Ulrich ist

> LADINER

Eine besondere Gemeinschaft

Die Identität der Ladiner basiert vor allem auf ihrer Sprache, die ihre Wurzeln im Vorrömisch-Rätischen und im Volkslatein hat. Jahrhundertelang lebten sie inmitten von italienischen und deutschen Sprachgruppen. Nicht nur sprachlich, sondern auch politisch wurden die fünf Täler Gröden, Gadertal, Fassa, Ampezzo und Buchenstein immer wieder voneinander getrennt. Statt der oft angestrebten Verbindung trat das Gegenteil ein: 1923 wurden sie drei Provinzen zugeteilt: Belluno, Trient und Bozen – eine Teilung, die heute noch besteht. Vom Bozener Autonomiestatut, das den Ladinern des Grödner- und Gadertals die Anerkennung des Ladinischen als dritter Landessprache, Fernsehsendungen, eine Zeitschrift *(www.lauscdiladins.com)* sowie Unterricht in Ladinisch gewährt, sind die übrigen Täler noch ausgenommen.

Luis Trenker begraben, Architekt, Filmemacher, Autor und Bergsteiger. Vor etwa 350 Jahren entstand im Tal ein Handwerkszweig, der Gröden in aller Welt bekannt machen sollte: die Holzschnitzerei. Heute lebt das Tal vorwiegend vom Tourismus.

SEHENSWERTES

MUSEUM GHERDËINA

Das Kulturhaus im Dorfzentrum von St. Ulrich zeigt vor allem Schnitzkunst, besitzt aber auch eine Abteilung über die Geologie der Dolomiten sowie eine reizvolle Kollektion von Holzspielzeug. *Mo–Fr 14–18 Uhr (in der Hochsaison erweiterte Öffnungszeiten) | St. Ulrich | Cësa de Ladins | Reziastr. 83 | Eintritt 5 Euro*

TROSTBURG

Die mächtige Burg, deren Kern aus dem 12. Jh. stammt, überragt oberhalb von Waidbruck den Eingang zum Grödnertal. Über 600 Jahre lang war sie im Besitz der Grafen von Wolkenstein. *Führungen Ostern–Ende Okt. Di–So um 11, 14, 15 Uhr (Juli, Aug. auch um 10 u. 16 Uhr) | Waidbruck | Schlossweg 6 | 5 Euro*

ESSEN & TRINKEN

L FUDLÉ

Das direkt im Zentrum gelegene Lokal wartet mit hausgemachten einheimischen Gerichten und Pizza auf. *Tgl. | St. Christina | Dursan Str. 86 | Tel. 04 71 79 02 55 |* €€

TUBLADEL

Hier genießen Sie nette Stunden in einer rustikalen, urigen und gemütlichen Atmosphäre mit typischen Spezialitäten, Wild und schmackhaftem Fisch. *Mo geschl. | St. Ulrich | Trebinger Str. 22 | Tel. 04 71 79 68 79 | www.tubladel.com |* €€€

ÜBERNACHTEN

PENSION CIAMP

Die familiär geführte Pension zeichnet sich durch sonnige, ruhige und doch zentrale Panoramalage aus. *23*

Trostburg: Hier wuchs der Dichter Oswald von Wolkenstein (1377–1445) auf

Zi. | St. Christina | Val Str. 5 | Tel. 04 71 79 21 03 | Fax 04 71 79 21 95 | www.ciamp.com | €€

PENSION DANIEL

Die familiär geführte Pension bietet auch einheimische Küche. *11 Zi. | Wolkenstein | Daunëi Str. 61 | Tel. 04 71 79 55 70 | Fax 04 71 79 54 10 | www.pension-daniel.com* | €€

FREIZEIT & SPORT

PARAGLIDING

Gute Startplätze liegen an den Bergstationen der Seilbahnen. Infos über *Parapendio-Club Gherdeina (www.parapendio-gardena.com)* oder *Fly2 (www.fly2.info)*.

WANDERUNG ZUR PUEZHÜTTE

Von *Wolkenstein* aus fährt die Dantercëpies-Gondelbahn zum *Grödner Joch*. Über den Steig Nr. 2 geht es an der Clarkhütte aufwärts bis auf die Hochfläche hinter dem Tschirsattel und am Crespeinasee vorbei in etwa 2,5 Stunden zur 2475 m hoch gelegenen *Puezhütte*. Von dort führt der Abstieg ins *Langental*. 350 Höhenmeter, Gehzeit insgesamt 4–5 Stunden.

AUSKUNFT

TOURISMUSVERBAND GRÖDEN

St. Christina | St. Dursan 80/c | Tel. 04 71 77 77 77 | Fax 04 71 79 22 35 | www.valgardena.it

ROSENGARTEN/ LATEMAR

[108–109 C–D 5–6] **Mit dem Straßenbau ins Eggental entstand Mitte des 19. Jhs. der erste Teil der berühmten Dolomitenstraße.** Von Kardaun führt sie durch die beeindruckend enge Felsschlucht des Eggentaler Baches stetig aufwärts zum wald- und almenreichen Gebiet von *Welschnofen, Deutschnofen, Aldein* und *Radein*. Nicht nur bei Touristen, auch bei der Bevölkerung des nahen Bozen ist das Ski- und Wandergebiet am Fuß der Berge Rosengarten (Catinaccio), Latemar und Weißhorn beliebt.

SEHENSWERTES

BLETTERBACHSCHLUCHT ★

Ein Naturlehrpfad durch die Bletterbachschlucht, den „Grand Canyon Südtirols", zeigt eindrucksvoll die verschiedenen Gesteinsschichten vom Dolomit bis zum Porphyr. Einzelheiten werden im nahen Museum erläutert. *Geologisches Museum Radein | Dorf 41 | Mai, Juni, Sept., Okt. Mi, Sa, So 15–17.30 Uhr; Juli, Aug. Di–So 10–11.30 u. 15–17 Uhr | Eintritt 2 Euro*

MARIA WEISSENSTEIN

Oberhalb von Petersberg liegt Südtirols berühmtester Wallfahrtsort. Die frommen Pilger gingen früher zu Fuß von Leifers durch das Brandental nach Weißenstein zur wundertätigen Muttergottesstatue, heute kürzt so mancher die Pilgerstrecke mit dem Auto ab.

ESSEN & TRINKEN ÜBERNACHTEN

GASTHOF GASSERHOF

Der gemütliche Gasthof mit seinen freundlich-hellen, modernen Zimmern weist noch eine alte Bausubstanz auf, wie die rußige Selchküche mit offenem Feuer. Serviert werden bodenständige Gerichte. *11 Zi. | Eggen | Dorf 6 | Tel. 04 71 61 58 82 | Fax 04 71 61 81 35 | www.gasserhof.it* | €€

Insider Tipp **TSCHAMIN SCHWAIGE**

Die urige Schwaige (ein ehemaliger Berghof mit Viehwirtschaft) mit sehr guter Hausmannskost liegt im schönen Tierser Tal. *Tiers | St. Zyprian 81 | Tel. 04 71 64 20 10 | www.tschaminschwaige.com* | €

FREIZEIT & SPORT

GOLF

Bei Deutschnofen, im Ortsteil *Petersberg,* liegt der erste 18-Loch-Golfplatz Südtirols mit Restaurant und schöner Aussicht.

AUSKUNFT

TOURISMUSVERBAND ROSENGARTEN-LATEMAR

Deutschnofen | Unterbirchabruck 9/B | Tel. 04 71 61 03 10 | Fax 04 71 61 03 17 | www.rosengarten-latemar.com

TOURISMUSVEREIN ALDEIN/RADEIN

Aldein | Dorf 34 | Tel. 04 71 88 68 00 | Fax 04 71 88 66 66 | www.aldein-radein.it

ZIELE IN DER UMGEBUNG

Insider Tipp **STERNWARTE MAX VALIER** [108 C5]

In *Obergummer,* auf einer Anhöhe zwischen dem Eggental und dem Tierser Tal, steht die größte Volkssternwarte Italiens, seit 2006 auch Sonnenobservatorium. Jeden Donnerstag gibt es bei klarem Himmel nach Einbruch der Dunkelheit bzw. ab 19 Uhr zweistündige Führungen: *Anmeldung erforderlich: Gemeinde Karneid | Tel. 04 71 36 13 14 | Führung 5 Euro | www.sternwarte.it*

Rötlich glüht der Rosengarten: Sonnenuntergang am Karerpass

TIERSER TAL [108–109 C–D5]

Bei Blumau, 6 km von Bozen, beginnt das Tierser Tal (900 Ew.), das sich bis zum Rosengarten erstreckt. Über dem Taleingang, schon dem Völser Gebiet zugewandt, liegt das

St.-Katharina-Kirchlein, dessen Südfront ganz mit leuchtenden Fresken der Bozner Schule (um 1400) geschmückt ist. Im Hauptort *Tiers* – ein guter Stützpunkt für Wanderungen in der Region – ist vor allem die schmucke Barockkirche St. Georg sehenswert.

Insider Tipp

Plafötsch im hinteren Tierser Tal ist einer der schönsten Plätze Südtirols. Zu Füßen des Rosengartens liegt auf einer Almwiese auf 1570 m die einfache *Plafötsch-Hütte*, nur zu Fuß erreichbar, fernab von Lärm und Verkehr. Gepäck- und Personenbeförderung für Gäste ist möglich. Viel Hausgemachtes, guter Kuchen *(6 Zi. | Tiers-Plafötsch | Mobiltel. 34 74 62 73 29 | €).* Auskunft beim *Tourismusverein Tiers (St. Georgenstr. 38 | Tel. 04 71 64 21 27 | Fax 04 71 64 20 05 | www.tiers-rosengarten.com).*

Insider Tipp

Auf der Seiser Alm: hinten rechts der schräg abfallende Plattkofel (2964 m)

SEISER ALM/ SCHLERN

[108–109 C–E 4–5] Zwischen Bozen und Brixen breitet sich in etwa 1000 m Höhe das Schlerngebiet aus mit den Dörfern *Kastelruth, Seis* und *Völs* (insgesamt 9300 Ew.), ein beliebtes Ferien- und Wandergebiet. Die buckelige Silhouette des Hausbergs Schlern (Sciliar, 2564 m) ist zu einem Symbol für Südtirol und die Dolomiten geworden, er ist das Signet des lokalen Rundfunks und Fernsehens. An den Schlern schließt das 51 km^2 große Naturschutzgebiet der *Seiser Alm (Alpe di Siusi)* an, ein

Familienskigebiet mit leichten Abfahrten.

SEHENSWERTES

BURG HAUENSTEIN

Die Ruine steht südöstlich von Seis auf einem Dolomitfelsenzacken. Im 15. Jh. bewohnte sie der Minnesänger Oswald von Wolkenstein. Bei einem Spazierweg bequem zu erreichen und zu besichtigen. Gehzeit ab Seis etwa 1 Stunde. *Eintritt frei*

KALVARIENBERG-KAPELLEN

Von *Kastelruth* führt in unmittelbarer Dorfnähe ein schöner, aussichtsreicher Spaziergang auf den Kalvarienberg zu sieben Kapellen, in denen religiöse Szenen dargestellt sind.

SCHLOSS PRÖSELS

Um 1500 war der mächtige Leonhard von Völs Landeshauptmann von Tirol und baute das prächtige Schloss südlich von Völs. Es beherbergt eine Sammlung von Waffen, Bildern und antikem Mobiliar. In den Sommermonaten werden dort auch kulturelle Veranstaltungen abgehalten. *Besichtigung im Rahmen von Führungen | Mai–Okt. So–Fr | Tel. 04 71 60 10 62 | 4 Euro | www.schloss-proesels.it*

ESSEN & TRINKEN

GOLDENES RÖSSL

Um den Kirchplatz in *Kastelruth* gruppiert sich eine Reihe von traditionsreichen Gasthäusern, darunter auch das Goldene Rössl, das sich zum Tophotel *(18 Zi. | €€€)* entwickelt hat. Der Schankraum ist beliebter Treff der Einheimischen zu Plausch und Kartenspiel. *Tgl. | Krausplatz | Tel. 04 71 70 63 37 | €€*

EINKAUFEN

BÄCK'N IVO

Hier gibt es das flache, knusprige original Völser Schüttelbrot aus Roggenmehl und frische, hausgemachte Eiernudeln. *Völs | Dorfstr. 5*

ÜBERNACHTEN

ANSITZ ZIMMERLEHEN OBERVÖLS

Die Familie Kompatscher hat in den Türmen des Anwesens Ferienwohnungen eingerichtet, auch ein Hochzeitsurlaub mit Hochzeit in der Hofkapelle ist möglich – für Brautleute gibt es Rabatt. *3 Ferienwhg. (8 Betten) | Obervöls | Kühbachweg 15 | Tel. 04 71 72 50 53 | www.zimmerlehen.it | €*

SCHLOSSHOTEL MIRABELL

Den vielleicht schönsten Sonnenplatz von Seis hat dieser ehemalige Sommersitz eines russischen Grafen. Komfort und Stil, kombiniert mit guter Küche. *27 Zi. | Seis | Laranzweg 1 | Tel. 04 71 70 61 34 | Fax 04 71 70 62 49 | www.hotel-mirabell.net | €€€*

AUSKUNFT

TOURISMUSVEREIN KASTELRUTH

Krausenplatz 1 | Tel. 04 71 70 63 33 | Fax 04 71 70 51 88 | www.castelrotto.com

TOURISMUSVERBAND SEISER ALM/ SCHLERNGEBIET

Seis am Schlern | Rosengartenstr. 2 | Tel. 04 71 70 70 24 | Fax 04 71 70 41 99 | www.seiser-alm.bz.it

TOURISMUSVEREIN VÖLS

Boznerstr. 4 | Tel. 04 71 72 50 47 | Fax 04 71 72 54 88 | www.voels.it

> EIN BESONDERES STÜCK ÖSTERREICH

Im Sommer grüne Wiesen und Wälder, im Winter Skivergnügen, dazu das quirlige Städtchen Lienz

> Die Lienzer Dolomiten sind der östlichste Ausläufer der ganzen Dolomitenregion, sie nehmen etwa ein Viertel der Fläche des österreichischen Osttirols ein. Wie eine Insel aus weißen Korallenfelsen ragen die bizarren Gipfel mit den höchsten Erhebungen Spitzkofel (2718 m) und Große Sandspitze (2772 m) aus dem grünen Meer der Wiesen und Wälder. Ein weit verzweigtes Wanderwegenetz mit vielen Schutzhütten, Berggasthöfen und Jausenstationen durchzieht die formenreiche Landschaft.

LIENZ

[111 F2] **Umrahmt von eindrucksvollen Dolomitengipfeln liegt auf 673 m in einem weiten Talkessel das Städtchen Lienz (13 000 Ew.).** Für jeden Osttirol-Besucher ist ein Shopping- und Kulturtag im lebhaften Städtchen mit dem historischen Altstadtkern ein Muss.

Bild: Alpenrosen und Vergissmeinnicht

LIENZER DOLOMITEN

SEHENSWERTES

AGUNTUM ★

5 km südöstlich von Lienz liegen die Reste der römischen Stadt Aguntum, der einzigen Römersiedlung Tirols, deren Ursprünge um Christi Geburt datieren. Im Frühjahr 2005 hat hier das Museum „aguntum vita romana" eröffnet und zeigt römisches Leben. *Mai–Mitte Okt. tgl. 9.30–16 Uhr (im Hochsommer bis 18 Uhr) | Eintritt 5 Euro | www.aguntum.info*

SCHLOSS BRUCK ★

Die mittelalterliche Burg dominiert im Westen der Stadt den Talkessel. Als Zufluchts- und Verteidigungsanlage erbaut, wurde sie von den Görzer Grafen zur repräsentativen Residenz umgestaltet. Sehenswert ist die freskengeschmückte Schlosskapelle vom Ende des 13. Jhs. Das Schloss beherbergt ein Volkskundemuseum, eine Gemäldegalerie und ein Café. *Di–So 10–18 Uhr (im Winter bis*

Imposant: der Bergfried von Schloss Bruck

17 Uhr) | Eintritt 7 Euro | www.museum-schlossbruck.at

ESSEN & TRINKEN

BRAUHAUS FALKENSTEIN

Die einzige Brauerei Osttirols schenkt zu gutbürgerlicher Küche das passende süffige Bier aus. Überdachter Garten. *Mitte Sept.–April Mo geschl. | Pustertaler Str. 40 | Tel. 04852/622 70 | €*

HOTEL-RESTAURANT HAIDENHOF

Traditionsreiches Tiroler Wirtshaus (43 Zi.) mit herrlicher Aussicht und feiner Küche, der jeweiligen Jahreszeit angepasst. *Tgl. | Grafendorferstr. 12 | Tel. 04852/624 40 | €€*

EINKAUFEN

KUNST

Insider Tipp

Der Bildhauer Alois Fasching zeigt in seinem Atelier Kunstwerke aus Holz (mit der Kettensäge bearbeitet) und aus Bronze, Stein und Heu – in einem alten Bergbauernhof mit fantastischem Dolomitenblick. *Dölsach (6 km östlich) | Mo–Sa 9–12 u. 14–18 Uhr | www.a-fasching.com*

ÜBERNACHTEN

GOLDENER FISCH

Das zentral gelegene, traditionsreiche Tiroler Wirtshaus wurde jüngst renoviert. *30 Zi. | Kärntner Str. 9 | Tel. 04852/621 32 | Fax 621 32 48 | www.goldener-fisch.at | €€*

PARKHOTEL TRISTACHERSEE

Insider Tipp

Durch eine traumhafte Lage direkt am See punktet dieses Hotel mit Spitzenrestaurant (heimische Fischspezialitäten), 4 km von Lienz. *52 Zi. u. Suiten | Lienz-Tristachersee 1 | Tel. 04852/676 66 | Fax 676 99 | www.parkhotel-tristachersee.at | €€*

FREIZEIT & SPORT

RADFAHREN

Zunächst geht es per Bahn nach Innichen und dann auf dem *Pustertal-*

>LOW BUDGET

> Die *Osttirol-Card* gilt 7 Tage (Juni–Sept.) und umfasst 22 Angebote, darunter 7 Bergbahnen, 6 Bäder, kulturelle Sehenswürdigkeiten, Sommerrodelbahn, Wildpark u. v. m. *Erwachsene 39,50 Euro, Kinder unter 6 Jahren gratis, sonst 17,50 Euro | www.osttirol.com*

Drau-Radweg mit dem Rad entlang der Drau immer leicht abwärts Lienz entgegen. Eine gemütliche Tagestour. *Radverleih: Probike | Amlacherstr. 1a | Lienz | Tel. 04852/735 36*

WANDERN

Die meisten Gipfel sind für Sportliche leicht zu ersteigen, einige erfordern etwas alpinistisches Können (Klettersteige). *Kartitsch, Unter-* und *Obertilliach* südlich von Lienz sind gute Ausgangspunkte für Hüttenwanderungen und Bergtouren.

AUSKUNFT

TOURISMUSBÜRO LIENZER DOLOMITEN

Europaplatz 1 | Tel. 04852/652 65 | Fax 65 26 52 | www.lienz-tourismus.at

ZIELE IN DER UMGEBUNG

GAILTALER HÖHENWEG [111 D–F3]

Durch herrliches Gelände verläuft dieser Weg im Süden der Lienzer Dolomiten. Er ist in fünf bis sechs Tagesetappen eingeteilt, die jederzeit einen Abstieg ins Tal erlauben. Mit der Nr. 229 gut ausgeschildert. *www.lesachtal.com/gailtaler-hoehenweg*

HOCHPUSTERTAL [111 D–F2]

Eingebettet zwischen den Südtiroler und den Lienzer Dolomiten zählt das Hochpustertal zu Osttirols schönsten Regionen. Von hier zieht sich im Südwesten das sonnige *Gailtal* von Kartitsch über Obertilliach bis ins Kärntner Land hin. Der Hauptort *Sillian*, der auf 1100 m Höhe und 30 km westlich von Lienz liegt, ist nur wenige Kilometer von der italienischen Grenze entfernt. Das sehenswerte *Schloss Anras* liegt zwischen Lienz und Sillian auf einer Anhöhe, es war über Jahrhunderte die Sommerresidenz der Brixner Fürstbischöfe *(Sa geschl. | Eintritt 4,50 Euro)*. Auskunft: *Tourismusinformation Hochpustertal | Sillian | Tel. 04842/66 66 | www.hochpustertal.com*

TRISTACHER SEE ★ [111 F2]

Schon der Habsburger Kaiser Maximilian liebte diesen romantisch am Fuß der beeindruckenden Wand des Rauchkofels in Wald und Wiesen eingebetteten See, 5 km südöstlich von Lienz. Der einzige Badesee Osttirols wird im Winter zum schönsten Eislaufplatz ganz Österreichs.

WASSERSCHAUPFAD GALITZENKLAMM [111 F2] Insider Tipp

Durch die Schlucht der Galitzenklamm, wenige Kilometer südwestlich von Lienz, führt ein informativ beschilderter Weg (ca. 35 Min.) zu Wasserfällen und spektakulären Plätzen, an denen die Urgewalt des Galitzenbachs deutlich wird. *3 Euro*

MARCO POLO HIGHLIGHTS

★ Tristacher See
Ein See für alle Jahreszeiten (Seite 53)

★ Schloss Bruck
Imponierende Grafenresidenz (Seite 51)

★ Aguntum
Vom Aussichtsturm besonders gut zu sehen sind die eindrucksvollen Reste dieser Römerstadt mit ihrer Therme aus dem 1. Jh. (Seite 51)

> BRÜCKE ZWISCHEN SÜD UND NORD

Österreichisches Erbe und alpenländische Tradition, südliches Flair und gastfreundliche Menschen

> Eigentlich fehlt dem Trentino nur das Meer zu den Schätzen, mit denen es begütert ist: ein mildes Klima, historische Dörfer und Städte, Wälder, Almen, Seen, Gipfel, eine intakte Natur und ein offener, gastfreundlicher Menschenschlag.

Zu den Trentiner Dolomiten gehören die westliche Marmolada, der östliche Rosengarten, der Sellastock und die Palagruppe. Wie ein Kranz umgeben diese Berge das Fassa- und das Fleimstal im Nordosten der Region. Ganz im Westen hat eine Laune der Natur noch eine Gruppe spektakulärer Felszinnen hingestreut, die Brenta-Dolomiten mit dem mondänen Madonna di Campiglio.

BRENTA-DOLOMITEN

[113 D–E 2–4] **Im äußersten Westen des Trentino türmen sich die teils über 3000 m**

Bild: Brentagruppe

TRENTINER DOLOMITEN

hohen Felsnadeln der Brenta-Dolomiten auf. Zu ihren Füßen liegen weite Almen, ausgedehnte Wälder und klare Seen, eine Landschaftskombination, deren Anmut vor allem die lombardische Schickeria anzieht. 12 km südlich, in einem geschützten Talbecken, liegt der historische Ort *Pinzolo* (3000 Ew.), der im Sog der Hotelhochburg *Madonna di Campiglio* (1500 m, 700 Ew.) stark vom Tourismus profitiert.

SEHENSWERTES

ANDALO

Nur wenige Kilometer nördlich des großen, türkisblauen Molvenosees liegt auf 1000 m der Ferienort Andalo. Nur besonders Abgehärtete wagen sich zum Baden in das kühle Seewasser, dafür bieten sich ausgedehnte, ebene Spazierwege an seinem Westufer an. Von Andalo aus führen nur Schusters Rappen auf die Gipfel der Brentagruppe, umso einsamer sind die Berge in dieser Gegend. Auskunft: *Tourismusbüro Andalo | Tel. 04 61 58 58 36*

SAN VIGILIO

An der nördlichen Ortseinfahrt von Pinzolo steht die kunsthistorisch bedeutende Kirche des hl. Vigilius, des Kirchenpatrons des Trentino. Ein Kleinod ist das 20 m lange Fresko an der Südwand mit der Darstellung des Totentanzes von Simone Baschenis (1539). Auskunft: *Tourismusbüro Pinzolo | Tel. 04 65 44 20 00*

TOVELSEE ★

Von der Nordseite, vom Nonsberg, dringt ein schmales Tal tief in die Brentagruppe ein, an seinem Ende liegt ein wunderschöner See, der Lago di Tovel. Vom gebührenpflichtigen Parkplatz aus lohnen sich sowohl lange Bergtouren als auch leichte Spaziergänge wie die Seeumrundung (1,5–2 Stunden Gehzeit). Das Besucherzentrum am See gibt Auskunft über Fauna, Flora und Wanderwege im umgebenden *Naturpark Adamello-Brenta,* in dem auch der Braunbär heimisch ist.

Tovelsee

ESSEN & TRINKEN

MALGA ZELEDRIA

Das Bergrestaurant liegt auf 1776 m beim „Pass Karls des Großen" nahe Madonna di Campiglio. Guido Artini serviert Variationen zum Thema bodenständige Kost. *Tgl. | Campo Carlo Magno | Tel. 04 65 44 03 03 |* €€

OSTERIA AL SARCA

Das originelle, neu eröffnete Lokal wird im Stil eines Landgasthofs geführt, vorwiegend mit Produkten aus dem Trentino. *Tgl. | Madonna di Campiglio | Via al Sarca 30 | Tel. 04 65 44 02 87* | €€

EINKAUFEN

SALUMIFICIO VAL RENDENA

Bekannt ist die *cacciatora,* eine kleine Hartwurst mit Knoblauch, typisch ist auch *carne salada,* mageres, gepökeltes Rindfleisch. *Vigo di Rendena (11 km südlich von Pinzolo) | Via 4 Novembre 71 | www.salumificio valrendena.it*

ÜBERNACHTEN

HERMITAGE

Hotel der Spitzenklasse mit sehr gutem Restaurant und Wellnessbereich, zudem eins der ersten „Biohotels" im Trentino. *50 Zi. | Madonna di Campiglio | Via Castelletto Inferiore | Tel. 04 65 44 15 58 | Fax 04 65 44 16 18 | www.biohotelhermitage.com* | €€€

HOTEL LA BAITA

Das familiär geführte Hotel liegt ruhig, nahe an den Aufstiegsanlagen. Die Besitzerin, Frau Anneliese, ist deutscher Muttersprache. *20 Zi. | Madonna di Campiglio | Piazzale Brenta Alta 17 | Tel. 04 65 44 10 66 | Fax 04 65 44 07 50 | www.hotella baita.com* | €€

MASO MISTRIN

Insider Tipp

Die ländliche Frühstückspension liegt zwischen Madonna di Campiglio und Pinzolo in einem kleinen, ruhigen Weiler. *Sant'Antonio di Mavignola | Pinzolo | Viale Dolomiti di Brenta 39 | Tel. 04 65 50 72 93 | Fax 04 65 50 73 88 | www.masomistrin. com* | €

FREIZEIT & SPORT

TERME VAL RENDENA FONTE SAN ANTONIO

In Caderzone, in der Nähe von Pinzolo, wurde 2004 die eisen-, lithium- und selenhaltige Quelle San Antonio für Trink-, Bade- und Inhalationskuren nutzbar gemacht. *Caderzone | Via D. Chiesa 2 | Tel. 04 65 80 60 69 | www.fontevalrendena.it*

WANDERN

Die Grostè-Umlaufbahn bringt Wanderer in wenigen Minuten von Madonna di Campiglio auf 2500 m

MARCO POLO HIGHLIGHTS

★ **Villa Welsperg**
Eines Grafen Traum, jetzt Naturpark-Besucherzentrum für alle (Seite 66)

★ **Palagruppe**
Dolomiten pur: weiß-gelbe Felsnadeln, grüne Wälder, weite Almen (Seite 65)

★ **Schanzenstadion**
Tollkühne Skiflieger aus nächster Nähe (Seite 61)

★ **Tovelsee**
Türkise Wasser, in denen sich die Gipfel spiegeln, Bären in der Wildnis (Seite 56)

★ **Domplatz**
Bischofsburg, romanischer Dom, Renaissancepalazzi in Trient (Seite 63)

★ **Banco della Rason**
Ein Symbol tausendjähriger Selbstverwaltung (Seite 60)

Höhe ins Herz der Brenta-Dolomiten, ein bequemer Höhensteig verbindet die *Stoppanihütte* mit der *Tuckett-* und der *Brenteihütte.* Von dort führt der Weg ins Tal. Lange, aber leichte Tageswanderung, 6–7 Gehstunden.

AM ABEND

CLIFFHANGER CLUB ▶▶

Im Restaurant und in der Disco trifft sich zu Musik der 70er- und 80er-Jahre elegantes, junges Publikum. *Tgl. 19.30–24 Uhr (Do–Sa bis 2 Uhr) | Madonna di Campiglio | Via Adamello 16 | www.cliffhangerclub.com*

LA CANTINA DEL SUISSE

Im Kellerlokal des Traditionshauses am Hauptplatz spielt im Winter ab 22 Uhr die Musik live. Auch Karaoke gehört zum Repertoire. *Madonna di Campiglio | Piazza Righi 5 | www.cantinadelsuisse.com*

AUSKUNFT

A.P.T. MADONNA DI CAMPIGLIO/ PINZOLO/VAL RENDENA

Madonna di Campiglio | Via Pradalago 4 | Tel. 04 65 44 75 01 | Fax 04 65 44 04 04 | www.campiglio.to, www.pinzolo.to

FASSATAL (VAL DI FASSA)

[109 E5–6] **Das Fassatal (9100 Ew.) liegt am Oberlauf des Avisio, im Nordosten des Trentino, beschützt von Marmolada, Rosengarten, Latemar und Sella.** In diesem einst sehr schwer zugänglichen Gebiet sprechen die Bewohner Ladinisch, so wie im nahen Gröden und im Gadertal. Die Gipfel rundum sind durch die vielen Bahnen und Lifte zum Greifen nah, Skifahrer und Wanderer bevölkern die Hänge, auf Fußwegen sind auch stille Seitentäler und Almen erreichbar. *Moena* (2600 Ew.) liegt am Talbeginn, *Pozza* und *Vigo*, bei denen die Straße über den Karerpass nach Südtirol abzweigt, liegen etwa in der Mitte und *Canazei* (1800 Ew.) am Talende.

SEHENSWERTES

ISTITUTO CULTURALE LADINO MAJON DI FASCEGN Insider Tipp

Das neue Museum des Stararchitekten Ettore Sottsass gibt mit multimedialen Mitteln einen Einblick in die ladinische Kultur. *Mitte Juni–Mitte Sept. tgl. 10–12.30 u. 15–19 Uhr | Vigo di Fassa | Strada de la Pieif 7 | San Giovanni | Eintritt 4 Euro | www.istladin.net*

SANTA GIULIANA

Auf einem Hügel oberhalb von *Vigo* liegt die Kirche aus dem Jahr 1237. Um 1500 im gotischen Stil vergrößert, wurde der Chor mit schönen Fresken ausgeschmückt.

ESSEN & TRINKEN

MALGA PANNA

Spitzenkoch Paolo Donei heimst in seinem oberhalb von Moena gelegenen Lokal für seine verfeinerte ladinische Küche italienweit höchstes Lob ein. *Mo geschl. | Moena | Strada de Sort 64 | Tel. 04 62 57 34 89 | www.malgapanna.it* | €€€

MINI-RESTAURANT

In ihrem kleinen, sehr gepflegten Haus in *Campitello* servieren Frau

Patrizia und ihr Mann typische einheimische Gerichte. *Tgl. | Strèda Morandin 27 | Tel. 04 62 75 01 68 | €€*

EINKAUFEN

nsider Tipp

CALLIGARI

Luigi Calligari hat sich auf die Produktion von rustikalen Stilmöbeln spezialisiert, während Vater Mario hölzerne Hampelmänner schnitzt: Der „Zebèrchie" (wahrscheinlich vom deutschen Zwerg) hatte einst in jedem Talhaushalt seinen Platz. Vor einer wichtigen Arbeit wird er durch fünfmaliges Ziehen an seiner Schnur günstig gestimmt. *Pozza | Strada de Grave*

ÜBERNACHTEN

ALBERGO IRMA

Das Haus im alpenländischen Stil liegt ruhig am Dorfrand, direkt an den Wanderwegen. Schöner Garten, Sauna, Fitness und türkisches Bad. *24 Zi. | Canazei | Strèda Franz Dantone 51 | Tel. 04 62 60 14 28 | Fax 04 62 60 17 42 | www.albergoirma.it | €€–€€€*

HOTEL FIORENZA

Das gemütliche Haus liegt am alten Marktplatz von *Campitello*, zentral und dennoch ruhig. *18 Zi. | Piaz Veie 15 | Tel. 04 62 75 00 95 | Fax 04 62 75 01 34 | www.hotelfiorenza.com | €€–€€€*

FREIZEIT & SPORT

EISLAUFEN

Wo im Winter die Eishockeymannschaft SHC Fassa um Punkte in der höchsten italienischen Liga kämpft, dreht man im Sommer auf Kunsteis Pirouetten. *Alba di Canazei | Strèda de Dolèda 8*

Das hübsche Canazei liegt am Ende des Fassatals zu Füßen der Sellagruppe

FRIEDRICH-AUGUST-WEG

Diese klassische Höhenwanderung bietet einen umfassenden Eindruck der Dolomitenlandschaft. Schon die Fahrt mit der Kabinenbahn von *Campitello* auf den *Col Rodella* ist ein Erlebnis. Nun zieht sich der Höhenweg westwärts – von der *Plattkofelhütte* geht es ins Durontal zum *Rifugio Micheluzzi* und weiter durch das Tal bis nach Campitello zurück. Gehzeit 4–5 Stunden, keine Anstiege.

AM ABEND

KUSK LA LOCANDA

Die drei Etagen der Bar sind mit hundertjährigem Holz verkleidet: gemütliche Atmosphäre und Livemusik. *Mi–So 8–2 Uhr | neben dem Hotel Maria | Moena | Strada de Sen Pelegrin 1*

SPECKKELLER

Das rustikale Lokal in *Canazei* ist auf die nicht ganz Jungen eingestellt, dementsprechend das Musikprogramm. *Tgl. 20–2 Uhr (im Winter auch Après-Ski) | Strèda del Piz 8*

> LOW BUDGET

- Besichtigung der Altstadt von Trient mit Verköstigung im Palazzo Roccabruna an jedem Samstag um 15 Uhr, Anmeldung im *Tourismusbüro (Via Manci 2 | Trient | 3 Euro | kostenlos für Trento-Card-, Museum-Card- und Summer-Pass-Besitzer und für Menschen bis 18 Jahre).*
- Jeden Donnerstag und Samstag Besichtigung (15–20 Min.) des *Palazzo Roccabruna* aus dem 16. Jh. in Trient mit Degustation von D.O.C.-Weinen. *Via SS. Trinità 24 | 16–21 Uhr | Eintritt frei, Wein 2 Euro, Käse 3 Euro*

AUSKUNFT

A. P. T. VALLE DI FASSA

Canazei | Strèda Roma 36 | Tel. 04 62 60 95 00 | Fax 04 62 60 22 78 | www.fassa.com

FLEIMSTAL (VAL DI FIEMME)

[115 D–E 1–2] **Das Fleimstal ist die Verlängerung des Fassatals nach Südwesten und wird von der hellen Dolomitenkette des Latemars zur Rechten und den dunklen Pyramiden der Lagoraikette zur Linken begleitet.** Durch das dicht besiedelte Tal (18 000 Ew.) mit seinem milden Klima fließt der Avisio, der an der Marmolada entspringt. 13 Dörfer sind über die 35 km Länge des *Val di Fiemme* verstreut. Hauptorte sind *Cavalese* (3700 Ew.), *Tesero* (2600 Ew.) in der Talmitte und *Predazzo* (4300 Ew.) an der Abzweigung zum Rollepass. Die riesigen Waldgebiete des Tals (190 km^2) sind seit Jahrhunderten im Besitz seiner Bewohner und werden von der Magnifica Comunità verwaltet.

SEHENSWERTES

BANCO DELLA RASON ★

Unter den tausendjährigen Linden im Park von *Cavalese* steht der „Tisch der Weisheit", eine 1400 Jahre alte steinerne Rundbank und ein Tisch, wo bis vor 200 Jahren die jährliche Versammlung des Gemeinderats abgehalten wurde.

Insider Tipp

CENTRO ARTE CONTEMPORANEA

Das neue Zentrum für zeitgenössische Kunst der Gemeinde von Cavalese zeigt in den Sälen des *Palazzo Firmian* aus dem 12. Jh. Werke der lokalen Moderne, für Kinder wurde eigens ein Mallaboratorium eingerichtet. *Fr–So 15.30–19.30 Uhr | Cavalese | Piazzetta Rizzoli 1 | Führungen: Tel. 04 62 23 54 16 | Eintritt frei | www.artecavalese.it*

NATURPARK PANEVEGGIO PALE DI SAN MARTINO

Bei Predazzo gabelt sich das Tal. An der Straße zum Rollepass liegen das *Besucherzentrum* des Naturparks *(Juni–Mitte Sept. tgl. 9–12.30 u. 13.30–17.30 Uhr)* und ein Hirschgehege. Schautafeln erläutern den Naturschutzgedanken, es gibt Führungen und Veranstaltungen.

PALAZZO DELLA MAGNIFICA COMUNITÀ DI FIEMME

In *Cavalese* steht am Hauptplatz der mit Fresken und Wappen geschmückte Verwaltungssitz der Talgemeinschaft, über viele Jahrhunderte Sommerresidenz der Tridentiner Fürstbischöfe.

Frühe Form des „runden Tisches“: Cavaleses Banco della Rason

SCHANZENSTADION ★

In *Predazzo* wurden bei den nordischen Skiweltmeisterschaften 1991 und 2003 die Sprungwettbewerbe ausgetragen. Alljährlich finden Weltcup-Skispringen in der nordischen Kombination wie auch im Spezialspringen statt. Auf den Schanzenanlagen wird im Sommer auf Matten gesprungen.

ESSEN & TRINKEN

EL MOLIN
Im rustikal-eleganten Lokal, dem Nachbau einer alten Mühle, wird Küche vom Feinsten zelebriert. *Di geschl. | Piazza Cesare Battisti 11 | Cavalese | Tel. 04 62 34 00 74 |* €€€

RISTORANTE MIOLA
Das Restaurant liegt am Eingang zum Tal von Valmaggiore und schaut auf Predazzo herab. Es ist bekannt für seine Nudelgerichte. *Mi geschl. | Predazzo | Tel. 04 62 50 19 24 |* €

EINKAUFEN

Insider Tipp LA SPORTIVA
Wanderschuhe vergessen? Kein Problem! In *Ziano di Fiemme* steht das Werk des Bergschuhherstellers, der auf dem internationalen Sportmarkt ein Qualitätsbegriff ist. *Via Ischia 2 (Industriezone) | www.lasportiva.com*

ÜBERNACHTEN

HOTEL GARNÌ LAURINO
In dem jüngst renovierten Palazzo aus dem 17. Jh. wurden die Zimmer verschieden eingerichtet: rustikal, modern oder antik. *14 Zi. | 1 Suite | Cavalese | Via Antoniazzi 14 | Tel. 04 62 34 01 51 | Fax 04 62 23 99 12 | www.hotelgarnilaurino.it |* €€

Insider Tipp LA STUA
Das stil- und liebevoll eingerichtete Haus mit teilweise antikem Mobiliar, einer Stube aus Sisis Zeit, Himmelbetten und Heubad ist auch bei Bikern beliebt. *21 Zi. | Cavalese | Via Baldieroni 2 | Tel. 04 62 34 02 35 | Fax 04 62 23 11 20 |* €€

FREIZEIT & SPORT

Insider Tipp TRANSLAGORAI
Durch die einsame, zu Unrecht wenig bekannte *Lagoraikette* führt ein Höhenwanderweg vom Manghenpass zum Rollepass. 3–5 Tage, Übernachtung in Biwaks. Eine detaillierte Beschreibung hält das Tourismusbüro von Cavalese bereit.

AM ABEND

MARDOK
Die Betreiber dieses Discopubs organisieren die verschiedensten Veranstaltungen – von Misswahlen über den Lady's Day bis zum Oldiesabend

Der Domplatz von Trient mit dem Neptunsbrunnen in der Mitte

am Freitag mit Walzer. *Ab 22 Uhr | Cavalese | Via Dossi 1*

AUSKUNFT

A. P. T. VALLE DI FIEMME

Cavalese | Via F.lli Bronzetti 60 | Tel. 04 62 24 11 11 | Fax 04 62 24 11 99 | www.visitfiemme.it

TRIENT (TRENTO)

KARTE IN DER HINTEREN UMSCHLAGKLAPPE

[114 A4] **Die Landeshauptstadt der autonomen Provinz Trentino ist nicht nur ein wirtschaftliches und politisches Zentrum, Trient mit seinen 105 000 Ew. liegt auch geografisch zentral in einem weiten Talkessel, den die Etsch durchfließt.** An den Hügeln im Osten klettern die Vororte der Neustadt hoch, im Westen erheben sich die Bondone- und die Paganellagruppe, beliebte Feriengebiete der Stadtbevölkerung. Die weite Ebene im Norden, die Piana Rotaliana, ist ein wichtiges Weinbaugebiet für Rotwein.

Die verkehrsberuhigte Altstadt mit ihren Prunkstraßen, Palazzi, eleganten Geschäften, Plätzen und Cafés vermittelt Besuchern aus dem Norden den Eindruck eines vornehmen, mediterran-lebhaften Freiluftsalons. Für Tagesausflüge sowohl in die Brenta- als auch in die östlichen Dolomiten erweist sich Trient als idealer Standort. Auch der Gardasee ist nur eine knappe Autostunde entfernt.

SEHENSWERTES

CASTELLO DEL BUONCONSIGLIO

Der Palast der Fürstbischöfe birgt bedeutende Kunstsammlungen. Die spätmittelalterlichen *Fresken* im Torre dell'Aquila (Bilder zu den zwölf Monaten des Jahres) zählen zu den schönsten und interessantesten aus dieser Zeit in ganz Europa. Im *Landeskunstmuseum* werden Sammlungen und wechselnde Ausstellungen antiker, mittelalterlicher und moderner Kunst gezeigt. *Di–So 9–12 u. 14–17.30 Uhr | Via B. Clesio 5 | Eintritt 5 Euro | www.buon consiglio.it*

DOM

Der wuchtige romanische Bau mit den grünspanüberzogenen Kupferdächern beherrscht den Domplatz seit acht Jahrhunderten. Davor stand hier eine frühchristliche Kirche auf dem Grab des hl. Vigilius, des dritten Bischofs von Trient, deren Reste Sie besichtigen können.

DOMPLATZ ★

Um den Domplatz, die *Piazza Duomo,* verlaufen die Prunkstraßen der Stadt, flankiert von prächtigen, teils mit kostbaren Fresken geschmückten Renaissancepalazzi, darunter in der *Via Manci* der *Palazzo del Diavolo* – Teufelspalast genannt, weil ihn der Bauherr nach einem Pakt mit dem Teufel in nur einer Nacht errichtet haben soll. In Wirklichkeit dauerte der Bau ein Jahr, eine für 1602 unerhört kurze Bauzeit.

MART

Der *Palazzo delle Albere* mit den markanten vier Ecktürmen und dem Wassergraben wurde Mitte des 16. Jhs. fertiggestellt, jetzt beherbergt er u. a. den Teil „Trento" der Sammlungen des *Museo di Arte Moderna e Contemporanea di Trento e Rovereto,* der sich mit der Kunst des 19. Jhs. beschäftgt. *Di–So 10–18 Uhr | Via R. da Sanseverino 45 | Eintritt 6 Euro, Kombikarte Mart/Museo 12 Euro | www.mart.trento.it*

TRIDENTUM SPLENDIDUM MUNICIPIUM

Das römische Trient hieß Tridentum und wurde im Jahr 46 von Kaiser Tiberius zur „bedeutenden Landstadt" erklärt. Ganz im Zentrum, bei der *Piazza C. Battisti,* sind 1700 m^2 dieser Stadt zugänglich. *Di–So 9–12 u. 14.30–18 Uhr*

ESSEN & TRINKEN

BIRRERIA PEDAVENA

Großes, effizientes und bei Einheimischen beliebtes Restaurant im Zentrum. Regionalküche, Gartenterrasse. *Di geschl. | Piazza Fiera/Via Santa Croce 15 | Tel. 04 61 98 62 55 | €*

CHIESA

Das elegante Restaurant neben dem Castello del Buonconsiglio ist eins der traditionsreichsten von Trient und bietet verfeinerte Regionalküche. *So geschl. | Parco San Marco | Tel. 04 61 23 87 66 | €€*

EINKAUFEN

ANTICHI SAPORI TRENTINI

Das gut sortierte Feinkostgeschäft bietet – wie sollte es anders sein – vorwiegend Spezialitäten des Trentino an. *Via Belenzani 56*

ÜBERNACHTEN

AGRITUR PRÀ SEC

Am südlichen Stadtrand liegt mitten im Grünen in der Nähe der Etsch dieses neue Landhaus. Gute Küche für Hausgäste. *8 Zi., 4 Mini-Apts. | Romagnano di Trento | Via Malebis 1/A | Tel. 04 61 34 92 04 | www.agriturpra-sec.it | €€*

VILLA MADRUZZO

Auf einem Hügel am Stadtrand steht in einem Park die elegante Villa aus der Zeit des Konzils von Trient. *50 Zi. | Via Ponte Alto 26 | Tel. 04 61 98 62 20 | Fax 04 61 98 63 61 | www.villamadruzzo.it | €€–€€€*

AM ABEND

Dass Trient eine Universitätsstadt ist, wird abends im Zentrum deutlich, wo eine neue Kneipenkultur entstanden ist. Besonders der Mittwochabend gehört mit Festen und Partys in vielen Lokalen den Studenten.

CAFFÉ OLIMPIA ▶▶

Laut, aber gemütlich und zentral gelegen, bietet das Café Aperitifs, Musik, Internetpoint und zwei Großbildschirme für Sportübertragungen. *So geschl. | Via R. Belenzani 33/1*

AUSKUNFT

UFFICIO TURISMO TRENTINO

Via Manci 2 | Tel. 04 61 21 60 00 | Fax 04 61 21 60 60 | www.apt.trento.it

ZIEL IN DER UMGEBUNG

CASTEL BESENO [114 A6]

Der gewaltige Bau beherrscht weithin sichtbar das Etschtal zwischen Rovereto und Trient. Die mittelalterliche Burg wurde im 16. Jh. nochmals umgebaut und erhielt die runden Bastionen und die äußere Ringmauer. Sie ist von den Grafen Trapp in Trentiner Landesbesitz übergegangen. *März–Okt. Di–So 9–12 u. 14–17 Uhr | Besenello (10 km südlich von Trient) | Eintritt 5 Euro | www.buonconsiglio.it*

Paradies nicht nur für Kühe: Almwiesen zu Füßen der Palagruppe

VALLE DI PRIMIERO

[116 A2–3] In diesem östlichsten Zipfel des Trentino erheben sich die Zinnen der ★ *Palagruppe.* Ihre Felsnadeln haben mit der Cima Vezzana (3192 m) und dem Cimon della Pala (3184 m) ihre höchsten Erhebungen. Sie erregten schon früh das Interesse der englischen Bergpioniere, und Ende des 19. Jhs. entstanden in *San Martino di Castrozza* die ersten großen Hotels um das kleine romanische Kirchlein. Nachdem das Dorf im Ersten Weltkrieg schwer beschädigt wurde, verdankt es heute seine Anziehungskraft vor allem der einmaligen Naturkulisse. Am Zusammenfluss der zwei Bergbäche aus dem Val Canali und dem Cismontal liegt der Hauptort *Fiera di Primiero*, der sich aus einem Marktplatz *(fiera)* entwickelt hat und aus den Gemeinden Transacqua, Tonadico und Siror sowie aus deren Nachbargemeinden Imer und Mezzano besteht.

SEHENSWERTES

SAN VITTORE E CORONA

In der Kirche oberhalb von *Tonadico* wurden vor Kurzem erst außergewöhnliche spätmittelalterliche Fresken freigelegt. *Besichtigungen über die Gemeinde: Tel. 043 96 24 05*

VILLA WELSPERG ★

Am schönsten Platz des Val Canali, im Angesicht der spektakulären weißen Türme von Cimerlo und Sass Maor, erbauten sich die Grafen Welsperg 1853 ein Jagdschlösschen, das heute Sitz der Verwaltung des Naturparks Paneveggio Pale di San Martino ist. Auf mehreren Stockwerken sind u. a. Landschaftsreliefs und eine besondere Bibliothek zu sehen – die „Xylothek" ist eine Sammlung hölzerner Bücher. *Juni–Sept. tgl. 9–12.30 u. 15–18 Uhr | Val Canali | Eintritt 2 Euro | www.parcopan.org*

ESSEN & TRINKEN

Insider Tipp BEVI & TASI

Originell im Trattoriastil eingerichtetes Speiselokal, das für seine Pasta-Vielfalt und für seine Grillgerichte bekannt ist. *Mo geschl. | Transacqua | Via Michele Bettega 8 | Tel. 04 39 76 28 48 |* €€

RIFUGIO DISMONI

Mit Blick auf die Gipfel der Palagruppe liegt dieses rustikale Restaurant. Auf der offenen Feuerstelle, dem traditionellen *larin*, werden Grillgerichte und die Polenta im Kupferkessel zubereitet. *Tgl. | Siror | Dismoni | Mobiltel. 33 84 57 58 03 |* €–€€

EINKAUFEN

CASEIFICIO SOCIALE

In der Genossenschaftsmolkerei werden neben dem für diese Gegend typischen Frischkäse *Tosèla* auch verschiedene Hartkäse angeboten. *Mezzano | Via Roma 179 | www.caseificioprimiero.com*

> BLOGS & PODCASTS

Gute Tagebücher und Files im Internet

- *www.spaghetti-mit-knoedel.com/* – Von kritischer Selbstschau, aber auch von den schätzenswerten Seiten der Region südlich des Brenners wimmelt es bei diesem konstruktiven, mitunter augenzwinkernden Blog
- *www.suedtirol-blog.com/suedtiroler-blogs/* – Sammelseite für in- und ausländische Südtirol-Blogs
- *http://esperienzatrentino.blogosphera.it/?p=329* – Blog zu den Brenta-Dolomiten und zum Trentino
- *http://blog.suedtirol.info/dblog/storico.asp?Language=DE&m=20070501* – Kletterer, Bergsteiger, Mountainbiker finden hier genaue Tourendaten, Fotos u. v. m.
- *http://dolomiten-blog.net/* – Wissenswertes zur Kultur und Geschichte der Dolomiten, Freizeittipps
- *http://gipfelbuch.blogspot.com/* – Tipps und Infos zu Kulinarischem, Unterkünften, Ski und mehr – mit schönen Fotos
- *http://www.wein-plus.de/magazin/Podcast_rkPO.html* – Weinliebhaber werden unter diesen Podcasts auch zu Südtirol fündig

Für den Inhalt der Blogs & Podcasts übernimmt die MARCO POLO Redaktion keine Verantwortung.

Insider Tipp

WERKSTATT LUCIA TROTTER

Lucia Trotter, eine Künstlerin am Webstuhl, fertigt Stoffe nach alten Mustern. Werkstatt und Ausstellungsraum in *Mezzano. Via Semedela 8 | www.arteler.it*

ÜBERNACHTEN

BRUNET HOTELS

Die beiden üppig ausgestatteten Hotels *Iris* und *Tressane* stehen nebeneinander und nutzen viele Einrichtungen gemeinsam, darunter ein Wellnesszentrum. *135 Zi. | Fiera di Primiero | Via Roma 26–30 | Tel. 04 39 76 20 00 | Fax 04 39 76 22 04 | www.brunethotels.it* | €€€

MALGA CES

Direkt neben den Pisten und Aufstiegsanlagen in schöner Panoramaposition bietet das bekannte Restaurant auch 8 Zimmer an. *San Martino di Castrozza | Malga Ces | Tel./Fax 043 96 82 23 | www.malgaces.it* | €

AM ABEND

TABIÀ

Das Musikprogramm der im Scheunenstil eingerichteten Disco ist auf die „jungen" Alten zugeschnitten. *San Martino di Castrozza | Via Passo Rolle 153*

AUSKUNFT

A.P.T. SAN MARTINO DI CASTROZZA

Via Passo Rolle 165 | Tel. 04 39 76 88 67 | Fax 04 39 76 88 14 | www.sanmartino.com

ZIEL IN DER UMGEBUNG

VANOI [115 E–F3]

Das Vanoi ist ein touristisch wenig erschlossenes Gebiet am Rand der Dolomitengruppe Pale di San Martino, 7 km vom Valle di Primiero entfernt. Große Teile sind in den gleichnamigen Naturpark integriert. Hauptattraktion ist ein Naturlehrpfad: Der *sentiero etnografico* führt vom Talboden bei *Caoria* (850 m) bis hinauf auf die Almen von *Malga Vesnòta de Sòra* (1876 m). Das *Informationszentrum* des Naturparks *(Tel. 04 39 71 91 06)* bietet auch eine geführte leichte Tageswanderung an. *www.vanoi.it*

Übersichtlich: das Relief des Naturparks Pale di San Martino in der Villa Welsperg

> LANDSCHAFT MIT ZWEI GESICHTERN

Unberührte Täler und Dolce Vita in Cortina: der Reiz der Belluneser Dolomiten liegt in den Gegensätzen

> Etwa 70 Prozent der Dolomiten liegen in der italienischen Provinz Belluno, und Cortina d'Ampezzo gilt als Ferienort schlechthin. Das weite Becken, wo Boite und Ansiei in den Piave münden und sich der große Stausee bei Pieve di Cadore ausbreitet, heißt *Cadore*.

Das Tal des Piave verläuft in Nord-Süd-Richtung. Seine Zuflüsse dringen tief in die Berge vor, und dazwischen liegen die schönsten Gipfel der Welt: Drei Zinnen, Civettà, Marmolada, Cristallo – ein Dorado für Wintersportler, Wanderer und Kletterer. Städte wie Feltre und Belluno sind das südliche Tor in diese Bergwelt. Das enge Tal, das sich von Belluno nach Nordwesten zieht, mündet in das sonnige Becken des *Agordino*.

AGORDO

[116 C2] **Fast exakt im geografischen Zentrum der Belluneser Dolomiten liegt das**

Bild: Cortina d'Ampezzo

BELLUNESER DOLOMITEN

Städtchen Agordo (4300 Ew.) auf 611 m. Der Hauptort der Region ist umgeben von einem Kranz heller Felsen, die hier bis auf 2800 m aufsteigen. Im Stadtbild Agordos mischt sich die alpine Architektur mit der städtischen des nahen Veneto.

SEHENSWERTES

PALAZZO CROTTA DE MANZONI

Der ausgedehnte venezianische Gebäudekomplex der Villa wurde Ende des 15. Jhs. von Francesco Crotta erbaut und 1813 von der Unternehmerfamilie Manzoni erweitert. Er prägt das Stadtbild. Der Park mit seinem schönen Statuengarten sind frei zugänglich. *Corso Patrioti 1*

ESSEN & TRINKEN

DA CARLA

Das Lokal, 2 km von Agordo in schöner Aussichtsposition gelegen, ist für seine bodenständige Küche bekannt. Auf der Karte stehen immer Wildgerichte, beliebt ist auch der Pilzrisotto. *Mi geschl. | Rif Nr. 59 | Tel. 043 76 26 63* | €€

ÜBERNACHTEN

HOTEL ERICE

Gut nächtigen lässt es sich im 3-Sterne-Hotel mit 25 Betten, Restaurant und Garage. *Via 4 Novembre 13 | Tel./Fax 043 76 50 11* | *www.hotelerice.it* | €€

OSTELLO IMPERINA

Auch Familien übernachten gerne in den neuen Mehrbettzimmern der Jugendherberge im Val Imperina. *April bis Mitte Okt. | 44 Betten | Rivamonte Agordino | Tel./Fax 043 76 24 51 |* *www.ostellionline.org* | €

AUSKUNFT

UFFICIO INFORMAZIONI TURISTICHE

Via XXVII Aprile 5/a | Tel. 043 76 21 05 | Fax 043 76 52 05 | agordo@infodolomiti.it

ZIELE IN DER UMGEBUNG

MONTE AGNÈR [116 B2]

Inside Tipp

Die großartige Felswelt des Monte Agnèr (5 km Luftlinie von Agordo) beeindruckt vor allem wegen der 1000 m senkrecht aufsteigenden Nordwand des Berges. Die Berghütte an seinem Fuß ist Ausgangspunkt für Klettertouren an der Nordkante – aber nur für geübte Bergsteiger.

Unterhalb der Monte-Agnèr-Nordwand verläuft der *Naturlehrpfad Fabio Minussi*. Ausgangspunkt: *Bergstation Rifugio Scarpa-Gure-*

Ursprünglich romanisch, im 19. Jh. reizvoll restauriert: die Chiesa Arcidiaconale in Agordo

Cortina d'Ampezzo: Vom Turm der Pfarrkirche hat man den besten Blick

und Sportveranstaltungen. Informationen: *Consorzio Belluno Centro Storico | Tel. 04 37 94 47 55 | bellunocentro@libero.it*

AUSKUNFT

UFFICIO INFORMAZIONI TURISTICHE

Piazza Duomo 2 | Tel. 04 37 94 00 83 | Fax 04 37 95 87 16 | belluno@infodolomiti.it

CORTINA D'AMPEZZO

KARTE IN DER HINTEREN UMSCHLAGKLAPPE

[110 B4] ★ **Cortina ist der schönste aller Ferienorte der Ostalpen, nicht umsonst nennen ihn die Italiener „Perle der Dolomiten".** Der 7000 Ew. zählende Ort liegt in einem nach Süden offenen, weiten Talkessel auf 1200 m Meereshöhe inmitten von Wiesen und ist von einem Gipfelkranz umgeben. Schon früh wurde Cortina für den Tourismus entdeckt und kann daher auf eine lange Tradition der Gästebetreuung zurückblicken. Bekannt wurde Cortina auch durch die Austragung der Olympischen Winterspiele 1956.

SEHENSWERTES

MUSEI DELLE REGOLE D'AMPEZZO

Im neuen Kongresszentrum *(Via Marangoni 1)* ist Rinaldo Zardinis Fossiliensammlung zu sehen. Ein hübsches historisches Gebäude im Zentrum *(Via Olimpia)* aus dem Jahr 1827, seit 1957 im Besitz der Regole-Verwaltung, beherbergt eine Gemäldegalerie und die Mario-Rimoldi-Sammlung moderner Kunst. *Weihnachten–Mitte März, Mitte Juni –Mitte Sept. | Eintritt 5 Euro für beide Museen | www.musei.regole.it*

ESSEN & TRINKEN

DA BEPPE SELLO

Das traditionsreiche Restaurant mit typischer ländlicher Küche liegt 700 m vom Zentrum am Fuß der Tofane. Auch 13 schöne Gästezimmer. *Via Ronco 68 | Tel. 04 36 32 36 | www.beppesello.it | €€*

Insider Tipp

EL BRITE DE LARIETO

Sympathische, rustikale Jausenstation am Tre-Croci-Pass, 5 km von Cortina in Richtung Misurina. Bäuerliche Hausmannskost, Käse, Speck, Polenta. Parkplatz an der Straße, 10 Minuten Fußweg. *Tgl. | Mobiltel. 36 87 00 80 83 | €*

EINKAUFEN

Die über dreißig Antiquitätenläden und Kunstgalerien der Stadt locken mit einem vielfältigen, dem noblen Publikum angepassten Angebot.

AAA – ARTIGIANATO ARTISTICO AMPEZZANO

Lokales Kunsthandwerk. Als Besonderheit gelten die Silber-Filigranarbeiten, die Bestandteil der Ampezzaner Tracht sind. *Corso Italia 87*

LACEDELLI-K 2

Lino Lacedelli, einer der Erstbesteiger des K 2, ist Gründer des Sportartikelfachgeschäftes. *Via C. Battisti 2*

ÜBERNACHTEN

HOTEL MEUBLÉ ROYAL

Elegante, zentral gelegene Frühstückspension. *49 Zi. | Corso Italia/Via Stazione 2 | Tel. 04 36 86 70 45 | Fax 04 36 86 84 66 | €€*

HOTEL DE LA POSTE

Ein Flaggschiff der Cortineser Hotellerie. Tradition, Komfort und Prestige bestimmen das Ambiente. Exzellente Küche. In der Hochsaison über Jahre ausgebucht. Die Bar ist beliebter Treffpunkt zum Aperitif. *76 Zi. | Piazza Roma 14 | Tel. 04 36 42 71 | Fax 04 36 86 84 35 | www.delaposte.it | €€€*

FREIZEIT & SPORT

Golf, Tennis, Schwimmen, Mountainbiken auf Bergwegen oder ge-

Passo di Giau: Jetzt weiß man, woher das Mountainbike seinen Namen hat

mütliches Radeln auf der ehemaligen Bahntrasse von Calalzo nach Cortina – es bleiben keine Wünsche offen. Im Winter geht es am Passo di Giau (17 km südlich) per *Motorschlitten* durch den Schnee *(Motosnow Cortina | Mobiltel. 34 78 10 38 16).*

Einmalig ist die Fahrt mit der Seilbahn „Freccia del Cielo" (Himmelspfeil) von Cortina bei atemberaubender Steillage in drei Abschnitten auf den mächtigen Felszacken der ★ *Tofana di Mezzo* (3244 m): Das Panorama dort oben ist unbeschreiblich.

AM ABEND

CLIPPER DISCO BAR & SNACK, PANINO GIUSTO

Dem Namen nach sollten in diesem Lokal *panini,* also belegte Brötchen, verkauft werden, es hat sich aber zum Treffpunkt junger Leute entwickelt. *20–1.30 Uhr | Largo Poste 65*

LP 26 PROSCIUTTERIA ▶▶

Wer sich nicht in dieser Bar zum Aperitif vor dem Abendessen einfindet, ist nicht in. *Largo Poste 26*

AUSKUNFT

UFFICIO INFORMAZIONI TURISTICHE

Piazzetta S. Francesco 8 | Tel. 04 36 32 31 | Fax 04 36 32 35 | cortina@infodolomiti.it

ZIELE IN DER UMGEBUNG

CINQUE TORRI [110 A5]

Über die Passstraße zum Falzaregopass und per Sessellift hinauf, lassen sich bei einer leichten Wanderung die 15 km westlich aufragenden bizarren Felstürme der Cinque Torri aus nächster Nähe bestaunen.

MISURINASEE [110 C4]

Der Lago di Misurina, 17 km nordöstlich von Cortina vor der Kulisse der *Drei Zinnen* gelegen, ist eins der Klischeebilder der Dolomiten und entsprechend besucht. Von hier führt eine viel befahrene Mautstraße zur *Auronzohütte* direkt am Fuß und der unspektakulären Rückseite der Drei Zinnen. Am schönsten zeigt sich das bis zu 2999 m hohe, markante Dreigestirn von der Südtiroler Seite aus.

SCHAUPLÄTZE DES ERSTEN WELTKRIEGS

Zum *Freilichtmuseum am Monte Piana* [110 C4], 17 km nordöstlich von Cortina, führt ein Shuttledienst ab Misurina. *Eintritt frei*

Durch beleuchtete Stollen und über steile, gesicherte Steige führt die Erkundung der Stellungen im *Freilichtmuseum am Lagazuoi* [110 A5], 16 km westlich von Cortina. Per Seilbahn vom Falzaregopass aus erreichbar. *Juni–Okt. | Eintritt frei*

Das Kriegsmuseum *Tre Sassi* am Falzaregopass [110 A5] erläutert die Geschichte des Ersten Weltkriegs in den Cortineser Bergen. *Nur im Sommer: 10–12.30 u. 13.30–17 Uhr | Eintritt 5 Euro*

FELTRE

[116 B5] Im weiten Flusstal des Piave liegt das Städtchen Feltre (19 000 Ew.). Im 16. Jh. brannte der Ort nieder, wurde dann neu aufgebaut und erhielt dabei das heutige Gesicht: prunkvolle Häuser, Laubengänge, breite Plätze. Die Bedeutung Feltres unterstreicht, dass hier die Naturparkverwaltung der Belluneser Dolomiten ihren Sitz hat.

SEHENSWERTES

DOM ZUM ST. PETER

Der Dom steht auf einem heidnischen Kultplatz. Sehenswert sind die Krypta aus dem 11. Jh., die spätgotische Apsis sowie Gemälde und Statuen im Inneren.

Insider Tipp GALLERIA D'ARTE MODERNA CARLO RIZZARDA

Carlo Rizzardas in der Welt einzigartige Sammlung von Kunstwerken aus Schmiedeeisen dokumentiert eindrücklich diese Kunstgattung. *Mo–Fr 10.30–12.30 u. 16–19, Sa, So 9.30–13 u. 14–19 Uhr | Via Paradiso 8 | Eintritt 4 Euro*

ESSEN & TRINKEN

PANEVIN

In Cart, 4 km nordöstlich von Feltre, liegt in schöner Panoramaposition dieses Speiselokal, das mit Teigtaschen mit Wildragout oder Proseccorisotto mit Kräutern Gaumenfreuden bereitet. *Mo geschl. | Cart 16 | Tel. 043 98 34 66* | €€

PEDAVENA Insider Tipp

Der bei den Einheimischen beliebte Braugasthof am Stadtrand ist riesig, effizient, originell und preiswert mit typischen lokalen Gerichten. *Mo geschl. | Pedavena | Viale Vittorio Veneto 78 | Tel. 04 39 30 44 02* | €

ÜBERNACHTEN

LA CASONA

Das neue Hotel im italienischen Landhausstil liegt am Stadtrand im Grünen. Pizzeria, Restaurant. *22 Zi. | Boscariz | Via Segusini 17/a | Tel. 04 39 30 27 30 | Fax 04 39 31 03 94 | www.lacasona.it* | €€

VILLA GAGGIA Insider Tipp

Im hochmodern renovierten, aber antik möblierten Palazzo im Zentrum von Feltre lebt es sich wie ein Fürst. Mit altem Baumbestand in einem

Wundervolles Museum in den Wolken: das Messner Mountain Museum auf dem Monte Rite

historischen Park und Freibad. *4 Zi. | Via Garibaldi 28 | Tel. 04 39 20 43 | Fax 04 39 89 40 | www.villagaggia.it* | €€

AUSKUNFT

UFFICIO INFORMAZIONI TURISTICHE

Piazza Trento-Trieste 9 | Tel. 04 39 25 40 | Fax 04 39 28 39 | feltre@infodolomiti.it

ZIEL IN DER UMGEBUNG

NATIONALPARK ★ [116–117 A–D 1–4]

Den Nationalpark der Belluneser Dolomiten gibt es seit 1993, er umfasst 310 km^2. Die Berge der Schiaragruppe im Norden und die Vette Feltrine im Süden sind wenig bekannt und deshalb besonders anziehend für alle, die unberührte Natur suchen. *Besucherzentrum Feltre-Pedavena | Piazza 1. Novembre 1 | Tel. 04 39 30 44 00 | www.dolomitipark.it*

Das Tal *Val di Canzoi* ist mit dem Auto problemlos erreichbar. Beim türkisfarbenen *Lago de La Stua* am Talende wurde ein *Naturlehrpfad* angelegt. Gehzeit 3 Stunden über 250 Höhenmeter.

PIEVE DI CADORE

[111 D6] **Wo sich das enge Tal des Piave zu einem Talkessel weitet, breitet sich der Lago di Pieve di Cadore aus.** Auf den ihn umgebenden Hängen verstreut liegen Dörfer und am Südosthang der Hauptort *Pieve di Cadore* (4000 Ew.). Schon die Römer siedelten hier, und im 15./16. Jh. entstanden jene prachtvollen Gebäude, die heute noch das Stadtbild bestimmen.

SEHENSWERTES

CASA DEL TIZIANO

Wenige Schritte abseits des Hauptplatzes von Pieve liegt das Geburtshaus des berühmten Malers Tizian, der hier als Tiziano Vecellio 1478 zur Welt kam. Im Haus wurde eine Gedenkstätte eingerichtet. *15. Juni–15. Sept. Di–So (Aug. tgl.) 10–12.30 u. 15–19 Uhr | Via dell'Arsenale | Eintritt 2 Euro*

MESSNER MOUNTAIN MUSEUM ★ [108 C6]

Es wird auch *Museo nelle Nuvole* (Museum in den Wolken) genannt und ist Teil eines Gesamtprojekts des Bergsteigers Reinhold Messner. Auf der Spitze des *Monte Rite,* auf 2181 m, hat er in einer Festung aus dem Ersten Weltkrieg dieses Museum zum Thema Berg verwirklicht. *Juni bis zum ersten Schnee im Oktober tgl. 10–18 Uhr | Zufahrt mit Shuttlebus ab Cibiana di Cadore (12 km südwestlich von Pieve) | Eintritt 5 Euro | www.messner-mountain-museum.it | www.monterite.it*

MUSEO DELL'OCCHIALE

Hier wird die Bedeutung der Brillenindustrie veranschaulicht. *Mo–Sa 9.30–12.30 Uhr, an Feiertagen auch 15.30–18.30 Uhr | Pieve di Cadore | Palazzo Cosmo, Via Arsenale | Eintritt 4 Euro*

ESSEN & TRINKEN

IL RISTORANTINO VILLA MARINOTTI

Kleines, feines Restaurant mitten im Grünen in einer exklusiven Villa mit 5 Zimmern zum Übernachten. *Mo geschl. | Tai di Cadore | Via Manzago 21 | Mobiltel. 34 90 06 76 82* | €€

EINKAUFEN

DEMENEGO

Wo so viele Brillen produziert werden, kann man natürlich auch welche kaufen. Im Brillensupermarkt der Firma Demenego misst der Optiker mit modernsten Instrumenten Ihre Sehstärke, und in 15 Minuten sind die Brillen fertig. Die Preise sind unschlagbar! *Calalzo di Cadore | www.demenego.it*

ÜBERNACHTEN

HOTEL BELLAVISTA

Mit schöner Aussicht, jüngst renoviert, bietet es auch viel Grün dank eines großen Gartens sowie einen Kinderspielplatz. *32 Zi. | Calalzo di Cadore | Via San Giovanni Caravaggio 5 | Tel. 043 53 17 02 | www.hotelbellavistadolomiti.it* | €€

AUSKUNFT

UFFICIO INFORMAZIONI TURISTICHE

Pieve di Cadore | Piazza Municipio 17 | Tel. 043 53 16 44 | Fax 043 53 16 45 | pievedicadore@infodolomiti.it

ZIELE IN DER UMGEBUNG

AURONZO [111 D4]

Auronzo (3600 Ew.) liegt 21 km nördlich von Pieve am Santa-Caterina-Stausee im bewaldeten Tal von Ansiei, das sich bis zu den Drei Zinnen hinzieht. Der See ist zum Baden zu kalt, aber es werden regelmäßig große Kanu- und Motorbootsportveranstaltungen ausgetragen. Auskunft: *Ufficio informazione turistiche | Via Roma 10 | Tel. 04 35 93 59 | Fax 04 35 40 01 61 | auronzo@infodolomiti.it*

> BÜCHER & FILME

Die Dolomiten als Hauptdarsteller

- **Standschütze Bruggler** – Roman von Anton Graf Bossi Fredrigotti nach dem Tagebuch des Soldaten Anton Bruggler von der Dolomitenfront im Ersten Weltkrieg. Mit über 150 000 Auflage seinerzeit ein Bestseller.
- **Dolomiten** – Der Bildband von Jakob Tappeiner und Reinhold Messner ist voller eindrucksvoller Luftaufnahmen der Dolomiten.
- **Ladinisches Vermächtnis** – Kajus Perathoner und Adolf Kostner geben in diesem Bildband einen Einblick in die einzigartige Welt der ladinischen Dolomitenbewohner.
- **Das Rosengarten-Riff** – Dieser Film zur Entstehung der Dolomiten von Benno Baumgarten und Alexander Werth entstand in Zusammenarbeit mit dem Naturmuseum Südtirol.
- **1809 – Die Freiheit des Adlers** – Film über den Freiheitskampf der Tiroler gegen die Truppen Napoleons. Tobias Moretti spielt Andreas Hofer.
- **Der rosarote Panther** – In Cortina versucht der trottelige Inspektor Clouseau, den eleganten Sir Charles Lytton als Juwelendieb zu entlarven. Kultige Komödie von Blake Edwards mit Peter Sellers und David Niven.
- **Flucht in die Dolomiten** – Film von und mit Luis Trenker. Sein markantes Gesicht ist fast untrennbar mit der faszinierenden Bergwelt verbunden; der gebürtige Grödner spielte in unzähligen Heimatfilmen.

COMELICO [111 E4]

Im Nordosten Bellunos gabelt sich das Piavetal, hier liegen Sappada und Comelico. Ihre abgeschiedene Lage und ihre Ursprünglichkeit machen diese Täler besuchenswert. In Comelico (28 km von Pieve di Cadore) sprechen die Bewohner ladinischen Dialekt. Auskunft: *Ufficio informazione turistiche | Santo Stefano di Cadore | Piazza Roma 37 | Tel. 043 56 22 30 | Fax 043 56 20 77 | santostefano@infodolomiti.it*

Im kleinen Ort *Padola* entstand in intakter Natur unter Nutzung der mineralhaltigen Thermalquellen das moderne Kurzentrum *Terme delle Dolomiti* für Trink- und Badekuren. *Padola di Comelico | Via Valgrande 43 | Tel. 04 35 47 01 53 | www.termedelledolomiti.it*

Fasching in Sappada: finstere Gestalten bei der „Plodar Wosenocht"

SAPPADA [111 F4]

Im östlichsten Teil der Provinz Belluno, wo der Piave entspringt, liegt 38 km von Pieve entfernt an der Grenze zu Österreich Sappada (1400 Ew.) oder *Plodn,* eine deutsche Sprachinsel. Hier werden noch alte Bräuche – wie zum Beispiel in der Faschingszeit die „Wosenocht" – gepflegt, und die Musikgruppe „Holzhockar" mit ihren bunten Trachten und Tänzen gehört zu jedem Volksfest. Auskunft: *Ufficio informazione turistiche | Borgata Bach 11 | Tel. 04 35 46 91 31 | Fax 043 56 62 33 | sappada@infodolomiti.it*

> WEGE INS HERZ DER DOLOMITEN

Erkundung einer wunderschönen Gebirgslandschaft – im Sommer und im Winter

Die Touren sind auf dem hinteren Umschlag und im Reiseatlas grün markiert

1 DOLOMITEN-HÖHENWEG NR. 2

Der aussichtsreiche Höhenweg verbindet auf etwa 80 km Luftlinie die Kulturstadt Brixen im Norden und die Stadt Feltre im Süden. Den Weg über Gebirgskämme, Pässe und Hochalmen auf rund 2000 m Höhe begleiten außergewöhnliche Flora und geologisch interessante Bergformationen wie die Sellagruppe und die Marmolada. Als „Weg der Sagen" streift der Höhenweg viele Schauplätze alter Legenden. Die ca. 15 Tage dauernde und 185 km lange Tour übersteigt nicht den Schwierigkeitsgrad eins, erfordert aber Kondition sowie grundlegende Kletterkenntnisse und -ausrüstung. Die Übernachtungsmöglichkeiten (Schutzhütten oder Biwaks) sind 3–8 Stunden voneinander entfernt. Eine gute Reisezeit ist von Ende Juni bis Ende September. Der Höhenweg ist mit roten Dreiecken mit der Nummer 2 markiert.

Bild: Alm am Fuß der Sellagruppe

AUSFLÜGE & TOUREN

In **Brixen** *(S. 36)* ist die erste Höhenüberwindung zum **Schutzhaus Plose** (2446 m) per Seilbahn oder Autobus über St. Andrä und das Kreuztal oder auch zu Fuß (4–5 Stunden) zu schaffen. Von dort geht es in steinigem Aufstieg durch die Peitlerscharte (2361 m) zur **Schlüterhütte**.

Der nächste Abschnitt zur Puezhütte (2475 m) führt durch Gesteinsformationen aus der Kreidezeit. Ein schwierigeres Stück ist die Roascharte (2616 m), wo im Frühsommer noch Restschnee liegen kann. Nach Überwindung der Siellesscharte (2505 m) mündet der Weg in sanftem Abstieg über die Puezalpe zum Plateau mit der **Puezhütte**.

Mit der Civettàwand im Osten geht es an skurrilen Zinnen vorbei bis hin zum Grödner Joch (2121 m) und dem schwierigen Pisciadùsteig. Vor uns liegt der gebänderte Riesenbau der Sellagruppe mit ihren tiefen, canyonartigen Schluchten. Von der **Pisciadùhütte** (2585 m) zur **Boèhütte** (2871 m) sind es etwa 3 Stunden.

Der Weg zum **Pordoijoch** führt hinein ins Reich der Marmolada. Der **Bindelweg** vom Joch wurde einst für den Getreideschmuggel genutzt. Vom **Lago Fedaia** aus sind der Passo Fedaia (2056 m), die Hochfläche von Malga Ciapèla (1449 m) und die Talstation der Marmoladaseilbahn erreichbar. Weiter geht es zur **Forca Rossa** (2490 m) und hinunter zum Insider Tipp *Rifugio Fuciade* (1982 m): Die Schutzhütte ist weithin bekannt für feine Küche *(Juni–Sept. u. Dez.–Ostern tgl. | Tel. 04 62 57 42 81 | €–€€)*.

Nun folgt der **Passo di San Pellegrino** (1907 m) zwischen der Marmoladagruppe und der Cima Bocche. Von hier bis zur **Passo-Valles-Hütte** (2031 m) trifft man auf eine besonders artenreiche Flora. Bis zur **Mulazhütte** (2571 m) geht es am Sentiero delle Farangole entlang über exponierte, mit Metallseilen versehene Wegstücke bis zum **Rifugio Giovanni Pedrotti** (2581 m). Ein schöner Abschnitt folgt bis zur **Pradidalihütte** (2278 m). Vorbei am Pradidalisee geleiten anfangs Geröll, dann Latschen und Wald talwärts zur **Trevisohütte** (1630 m) und zum **Cerèdapass** (1369 m).

Der blumenreiche Weg vom Pass zum Feltre-Biwak führt über den Sentiero dei Caserìn und das Amphitheater des Sass da Mur bis zur **Bruno-Boz-Hütte** (1718 m). Der letzte Abschnitt ist anspruchsvoll, rau und verläuft über den Hauptkamm der Kette bis zur **Dal-Piàz-Hütte** (1990 m), vorbei an der Felsenversammlung „Piazza del Diavolo“. Der Abstieg nach Feltre endet in Wiesen im Tal des Piave.

2 SELLA-RONDA

Die Umrundung der Sellagruppe auf Skiern zählt zu den Höhepunkten eines Winterurlaubs in den Dolomiten. Mit den Aufstiegsanlagen können Sie mit oder gegen den Uhrzeigersinn im Lauf eines Tages die Runde machen. Per Lift und Ski werden dabei rund 40 km in etwa 7 Stunden zurückgelegt. Empfehlenswert ist der Einstieg in die Sella-Ronda vor 10 Uhr und die Ankunft am letzten Pass gegen 15 Uhr.

Die „Sella Ronda“ durchzieht die Südtiroler, die Belluneser und die Trentiner Dolomiten mit den schönsten Spitzen im Blickfeld: Langkofel, Rosengarten *(S. 46)* und Marmolada *(S. 72)*. Gute Kondition ist erforderlich, die Pisten verteilen sich auf leichte bis schwierigere Abschnitte. Corvara, Wolkenstein, Canazei und Arabba eignen sich als Einstiegsorte. Für die Aufstiege mit den Lifts ist mit etwa 2 Stunden zu rechnen, für die Abfahrten ebenfalls. Mit dem *Dolomiti-Superski-Pass* können Sie alle Aufstiegsanlagen der Sella-Ronda benutzen. *Auskunft, Skipass: Corvara (Tel. 04 71 83 61 76), Arabba (Tel. 043 67 91 30), Gröden (Tel. 04 71 79 22 77), Canazei (Tel. 04 62 60 15 83); www.dolomitesworld.com/sellaronda*

Im Uhrzeigersinn (orange markiert): Von **Wolkenstein** im Grödner Tal *(S. 44)* aus führen der Sessellift Costabella und die Kabinenbahn Dantercëpies zur Abfahrt bis **Colfosco**. Der Sessellift Borest bringt Sie nach **Corvara**, zur Kabinenbahn, die auf den **Piz Boè** hinaufführt. Die Abfahrt entlang der Ostseite des Sellastocks führt zum **Campolongopass** und der Schlepplift zum **Bec de Roces**. Hier beginnen die Pisten nach **Arabba** *(S. 72)*, von wo aus die Umlaufbahn Porta Vescovo startet, und die Abfahrt zum **Pont de Vauz**. Per Fodom-Sessellift erreichen Sie das **Pordoijoch**. Eine kurze Abfahrt führt zum Lezuo-Sessellift, mit dem es zum Belvedere hinaufgeht. Dort folgt eine lange Abfahrt bis zum **Pian Frataces** „Steinernen Stadt", die bis zum Sessellift Sasso Levante am **Sellajoch** durchquert wird. Dann folgt die Abfahrt in Richtung **Val Salei** bis zur Kabinenbahn Pian Frataces am **Lupo Bianco**. Der 6er-Sessellift führt zur Schutzhütte Sas Becè. Vom Belvedere aus gelangen Sie über eine lange Abfahrt nach **Arabba**, zum Ses-

Trittsicher und schwindelfrei sollte man schon sein: Wanderer in der Sellagruppe

(Lupo Bianco) und weiter per Umlaufbahn und Sessellift zum **Sellajoch/Col Rodella** und über eine letzte lange Abfahrt zurück nach Wolkenstein.

Gegen den Uhrzeigersinn (grün markiert): Vom Einstieg in **Wolkenstein** geht es mit der Umlaufbahn auf den **Ciampinoi** und auf der Piste Nr. 5 bis **Plan de Gralba** und zum Piz-Setëur-Sessellift. Nach einer kurzen Abfahrt führt der Sessellift Sassolungo zu den haushohen Felstrümmern der sellift zum Bec de Roces und einer kurzen Abfahrt zum **Campolongopass**. Mit dem Sessellift fahren Sie auf den **Crëp de Mont** und dann gemütlich nach **Corvara** ab. Dort führen zwei Sessellifte nach **Colfosco** und die Kabinenbahn zur **Malga Cir** oberhalb des Grödner Jochs. Vom Sessellift Val Setus geht es auf 2280 m hinauf und dann hinab zum **Grödner Joch**. Der Sessellift bringt Sie über die Dantercëpies zur letzten Abfahrt nach Wolkenstein.

EIN TAG IN BOZEN UND UMGEBUNG

Action pur und einmalige Erlebnisse.
Gehen Sie auf Tour mit unserem Szene-Scout

FRÜHSTÜCKSBUMMEL

8:00

Vinschgerl, Zelten oder Schüttelbrot? In der *Franziskanerbäckerei* den leckersten Snack aussuchen und auf die Hand geben lassen. Wohin es jetzt geht? Im Schlendertempo über den Obstmarkt zum Waltherplatz: Hier ist der Blick auf das morgendliche Treiben am besten! **WO?** *Franziskanergasse 3, Bozen | www.franziskanerbaeckerei.it*

9:00

KLETTERPARTIE

16 km von Bozen entfernt wartet eine echte Herausforderung: Jetzt wird geklettert! Mit Guide Helmut Kritzinger stürmt man beim Schnupperkurs die Berge. Der erfahrene Führer bringt einen innerhalb von zwei Stunden sicher in schwindelnde Höhen und wieder herunter. **WO?** *Arc Alpin | Schlernstr. 20, Völs | Anmeldung unter Mobiltel. 338/ 200 33 88 | Kosten: ab 45 Euro/Std. | www.arcalpin.it*

ESSBARE ERLEBNISSE

12:00

In engen Serpentinen geht es aufwärts. Das Ziel: eine der urigsten Bauernschänken Oberbozens! Im *Loosmannhof* in Ritten werden so leckere Gerichte kredenzt wie Schlutzkrapfen, Käseknödel oder Gulasch mit Speckknödel. Lecker, deftig, und der Obstler danach tut richtig gut. **WO?** *Signat 177, Ritten/Oberbozen | Tel. 0471/36 55 51*

14:00

KLEINE KRÄUTERSCHULE

So duften die Dolomiten! Im Kräutergarten des Familienbetriebs *Niederkofler* wachsen über 70 verschiedene Heil- und Gewürzpflanzen. Bei der Besichtigung der hofinternen Latschenölbrennerei und des Kräutergartens die Aromen in die Nase steigen lassen – Infos gibt's gratis dazu. **WO?** *Bergila | Issing/Bruneck | Führung kostenlos | Tel. 0474/56 53 73 | www.bergila.com*

24 h

REITZEIT

16:00

Auf nach Jenesien! Die Haflinger des *Hotels König Laurin* sind bereit zum Ausreiten. Auf dem Rücken der gutmütigen Braunen geht's über Wiesen und durch Wälder. **WO?** *Hotel König Laurin | Simml 5, Jenesien | Tel. 0471/35 41 57 | Kosten: 18 Euro/Std. | www.hotel-koeniglaurin.com*

18:00

ZEIT ZUM VERLIEBEN

Zurück nach Bozen und mit der ältesten Seilbahn der Dolomiten hinauf auf den Kohlern. Genauer: auf den kleinen Holzturm auf dem Berg, denn hier gibt's einen fantastischen Ausblick bis Meran! Romantiker warten bis zum Sonnenuntergang: Wenn die Sonne das Tal in rotgelbes Licht taucht, ist es Zeit für eine Liebeserklärung! **WO?** *Seilbahnstation Kohlern | Kampennerweg 4, Bozen | Tel. 0471/97 85 45 | Kosten: 2,60 Euro/Hin- u. Rückfahrt | Letzte Abfahrt: 19.30 Uhr*

SCHLEMMERSTUNDE

20:00

Das Auf und Ab macht hungrig! Im Bozener *Restaurant Larcher* werden Südtiroler Köstlichkeiten kombiniert mit italienischen Einflüssen serviert. Genießer lassen sich zum Beispiel das Steinbuttfilet auf Kürbisrisotto auf der Terrasse mitten in der Altstadt schmecken. **WO?** *Bindergasse 35, Bozen | Sa abends und So geschl. | www.restaurant-larcher.it*

23:00

ABTANZEN FÜR NACHTEULEN

Jetzt wird gefeiert? In der *Disco Okay* gibt's nicht nur eine große Tanzfläche, sondern auch eine gemütliche Lounge. Der Sound kommt von lokalen Größen wie zum Beispiel DJ Marlon. Party on bis 3 Uhr morgens! **WO?** *Gilmstr. 7 | Mobiltel. 339/446 86 39 | www.disco-okay.com*

> EIN LAND FÜR TATENDURSTIGE

Skifahren, Wandern, Klettern, Golf: Action ist angesagt in einer einmaligen Landschaft

> Wo spleenige Engländer und abenteuerlustige habsburgische Großstädter vor rund 150 Jahren auf Entdeckungsreise gingen, tummeln sich nun Urlauber.
Kaum eine Sportart, die hier nicht möglich ist: Golfen vorm Dolomitenpanorama, Polo auf dem zugefrorenen Misurinasee, mehrtägige Trekkingtouren, Heißluftballonfahrten vom Toblacherfeld aus, Motorbootrennen auf dem Auronzostausee, Klettern für alle Schwierigkeitsgrade – aber natürlich auch Wandern und Spazierengehen. Gute Begleiter sind: Respekt vor den Wetterumschwüngen im Hochgebirge, richtige Ausrüstung, detailliertes Kartenmaterial und Ski-, Wander- oder Bergführer.

EXTREMSPORT

Die Extremsportarten, die der Veranstalter *Adrenalincenter* rund um Cortina anbietet, passen zu seinem Namen: Canyoning, Abfahrten im Wild-

Bild: Biker auf dem Sellajoch

SPORT & AKTIVITÄTEN

wasser mit dem Hydrospeed, Rafting und Snowrafting, Mitfahren im Viererbob, Schlittenabfahrt bei Mondschein, Klettern im Hochseilgarten. *Ufficio Taxi Bob | Loc. Ronco, Cabina „S" | Cortina | Tel. 33 33 30 96 03 | www.adrenalincenter.it*

GOLF

Golf in den Dolomiten hat Tradition – schon Kaiserin Sisi spielte am Karerpass vor der Kulisse des Rosengartens. Petersberg im Latemargebiet wartet mit einem 18-Loch-Platz auf, ebenso Lavant in den Lienzer Dolomiten mit dem wunderschön gelegenen *Dolomitengolf (www.dolomitengolf.at)*, und auch Kastelruth-Seiser Alm besitzt einen 18-Loch-Platz *(www.golfkastelruth.it)*. Einen 9-Loch-Platz bieten Corvara, Madonna di Campiglio (auf 1650 m), das Pustertal (Reischach) und der Karerpass. Übungsplätze gibt es in Cortina und

Gröden, im Fassatal und am Kreuzbergpass. *Golf in Südtirol | Gampenstr. 99/i | Maia Service Center | Meran | Tel. 04 73 44 39 96 | www.golfinsuedtirol.it, www.golfing.it*

Der Berg ruft! – Kletterer finden Routen aller Schwierigkeitsgrade

KLETTERN

Natürlich sind die Dolomiten eine Hochburg des Kletterns, hat sich doch ebendort die klassische Felskletterei erst so richtig entwickelt. Immer neue Routen gesellen sich zu jenen der Erstbesteiger: die Nordwand der Großen Zinne, die gelbe Kante der Kleinen Zinne, die Schleierkante in der Pala-, der Campanile in der Brenta-, die Rotwand in der Rosengartengruppe. *Infos bei den Bergführervereinigungen und bei den örtlichen Tourismusbüros | www.alpenverein.it, www.sat.tn.it*

RADFAHREN

Die Dolomitendurchquerung per Rad Insider Tipp ist leichter als gedacht: Vor einem Jahrhundert verband eine Schmalspurbahn das Cadore mit dem Pustertal. Auf der aufgelassenen Strecke wurde eine der schönsten Radstrecken der Welt angelegt. Die 50 km sind auch von weniger geübten Radfahrern an einem Tag zu schaffen. Ein spezieller Shuttlebus sorgt für den Hin- oder Rücktransport. Kurze Strecken sind nur gekiest, ein Mountainbike ist deshalb die richtige Ausstattung. Infos über Radverleih und Fahrpläne: *Tourismusbüro Calalzo di Cadore | Tel. 043 53 23 48.* Eine schöne Strecke ist auch der 30 km lange Radweg von Toblach nach Cortina.

Wesentlich sportlicher geht es bei den Radrennen zu: mit dem Mountainbike bei der *Rampilonga* im Trentino *(www.rampitour.com)*, beim *Maratona dles Dolomites (www.maratona-dolomites.com)* mit rund 8000 Radrennfahrern und beim *Dolomiti Superbike (www.dolomitisuper*

bike.com) über etwa 3000 Höhenmeter und verschiedene Distanzen.

WANDERN

Das ganze Dolomitengebiet ist mit einem dichten Netz von gut markierten Wanderwegen durchzogen, für jeden Schwierigkeitsgrad ist etwas dabei. *www.trekking.suedtirol.info*

Die Dolomitenhöhenwege 1–8: Wer gerne mit dem Rucksack auf Weitwanderwegen unterwegs ist, für den bieten sich acht verschiedene mehrtägige Durchquerungen der Dolomiten an. Detaillierte Beschreibungen auch auf Deutsch gibt es unter *www.dolomiti-altevie.it*, ein 60-seitiges Büchlein zu jedem Höhenweg (auf Italienisch) im *Tourismusbüro Belluno*, *www.infodolomiti.it*.

Wandern in den Naturparks: Weite Teile der Dolomiten sind in Naturparks integriert. Alle Parkverwaltungen bieten geführte Wanderungen verschiedener Schwierigkeitsgrade bzw. zu Themenschwerpunkten an. Die Adressen der Parks sind unter *www.parks.it* zu finden.

WINTERSPORT

Synonym für einen Skipass für zwölf Skigebiete mit 450 Liften und 1220 km Pisten ist *Dolomiti Superski*. Ob Skifahren, Snowboarden, Schneeschuhlaufen oder Telemark – der weltweit größte Lift- und Pistenverbund öffnet Karteninhabern beinahe die gesamte Dolomitenregion. *www.dolomitisuperski.com*

Sella-Ronda: Der Lift- und Bahnenverbund ermöglicht die Umrundung des Sella-Gebirgsstocks auf Skiern im Lauf eines Tages. *www.dolomitesworld.com/sellaronda*

Skitour Grande Guerra: Die Skiroute folgt den Spuren der Gebirgsjäger entlang der Dolomitenfront des Ersten Weltkriegs. *www.dolomitisuperski.com*

Skitour der Emotionen: Die Touristiker der Skigebiete von Falcade, San Pellegrino und Lusia Bellamonte haben sich neben vielen anderen Routen auch einen besonders romantischen Rundkurs ausgedacht. *www.dolomitisuperski.com*

Dolomiten Ski-Safari: Der Berg- und Skiführer Hermann Compoj aus Wolkenstein organisiert für kleine Gruppen eine Durchquerung der Dolomiten auf Skiern. Aufstieg mit Liften und Seilbahnen, Abfahrt im Tiefschnee oder Firn, Übernachtung auf Berghütten, Gepäcktransport. *hermann.comploj@dnet.it*

Insider Tipp

Das Pustertal ist das Eldorado der Langläufer: auf den schneesicheren Loipen im Tal von Prags, auf den Weiten des Toblacher Sattels oder in der Wintermärchenlandschaft im Fischleintal in Sexten. Die rund 500 km Loipen des Trentino sind mit dem *Trentino Nordic Skipass* (erhältlich in den Tourismusbüros) zugänglich. Beliebt und frei zugänglich sind auch die Langlaufstrecke der „Marcialonga" im Fassa- und Fleimstal und die Loipe auf der aufgelassenen Bahntrasse von Cortina nach Toblach.

Abfahrten in unberührten Pulverschneehängen sind beim Heliskiing möglich. Start der Hubschrauber beim Rifugio Cherz am Campolongopass *(Infos: Tourismusbüro Cortina | www.dolomiti.org)*. Snowboarder finden in den Hauptskiorten eigene Snowparks vor.

> WALDGEISTER, TIERE, SCHNEE UND ALMEN

Kinder können in den Dolomiten herrlich toben, Spannendes entdecken und Abenteuerliches erleben

> Die Dolomiten sind ein einziger Erlebnispark für Kinder. Versteinerte Puppen und schlafende Riesen in den Felsen, Waldgeister, die sich hinter knorrigen Bäumen verstecken – sie warten geradezu darauf, entdeckt oder erkannt zu werden. Oder die Hexen, von denen die Einheimischen genau wissen, wo sie einst ihre Versammlungsplätze hatten. Und bei klarem Wasser sind vielleicht die Ruinen der versunkenen Stadt am Grund des geheimnisvollen Bergsees bei Alleghe zu erkennen.

Weite Teile der Dolomiten liegen in Naturparkgebieten; die Parkverwaltungen haben großzügige Besucherzentren eingerichtet und dabei ein besonderes Augenmerk auf Kinderwünsche gelegt. Es gibt vielerorts Tageswanderungen für die Kleinen, mit Picknick und Spielen. Die örtlichen Tourismusbüros sind mit Tipps schnell zur Stelle.

In den Museen gibt es überall Exponate zum Anfassen, Fühlen und

Bild: Kids in der Tracht des Sarntals

MIT KINDERN REISEN

Riechen, außerdem Quizfragen und kleine Preise, oft auch eigene Kinderaktionsprogramme. So können die jungen Besucher im *Archäologiemuseum in Bozen* erst zuschauen und dann selber probieren, wie aus einem Feuerstein Klingen geschlagen werden, die nachher dickes Leder durchschneiden. Im *Landeskundemuseum in Dietenheim* wird selbst gebackenes Brot gekostet, und in der *Museumsmühle in Campill* im Gadertal kann man dem Müller bei der Arbeit zusehen.

Damit Kindern Wanderungen auch Spaß machen, hier noch ein paar Ratschläge: Nehmen Sie Spielkameraden mit – vielleicht ist im Hotel auch ein Knirps, der Gesellschaft braucht. Nicht unbedingt das Ziel ist das Interessante – wenn auch der Weg dahin spannend ist, sind gleich zwei Ziele erreicht. Keine zu großen Steigungen – es gibt genügend für Kinder geeignete Wege. Rechtzeitig auf Sonnenschutz achten – die starke Gebirgssonne dringt auch durch Nebel und dünne Wolken. Kinder brauchen auf den Bergwegen ebenso gutes Schuhwerk wie Erwachsene – nicht immer reichen Turnschuhe aus. Reichlich zu trinken mitnehmen – gerade wenn man eine Quelle oder ein Gasthaus dringend benötigt, kann es sein, dass kein Wasser fließt oder das Lokal Ruhetag hat. Und nun hinein ins Abenteuer!

SÜDTIROLER DOLOMITEN

Besonders kinderfreundliche Hotels in Südtirol haben sich zur Arbeitsgruppe der Familienhotels zusammengeschlossen. Es wird ein kunterbuntes Urlaubsprogramm für Groß und Klein angeboten, kinderfreundliche Einrichtung ist selbstverständlich. *Tel. 04 71 99 99 90* | www.familienhotels.com

KRIPPENMUSEUM [109 E2]

In Brixen ist besonders zur Weihnachtszeit ein Besuch der Krippenabteilung des Diözesanmuseums mit den Tausenden holzgeschnitzter Figuren stimmungsvoll und interessant. *Dez./Jan. Di–So 14–17 Uhr | Hofburgplatz 2 | Eintritt 4 Euro, Kinder ab 6 Jahre 1,50 Euro* | www.dioezesanmuseum.bz.it

MINERALIENMUSEUM [109 D3] Insider Tipp

In Teis erklärt Paul Fischnaller, wie Kristalle und Halbedelsteine entstanden sind und wie man diese Schätze der Erde aufspürt. *So vor Ostern–So nach Allerheiligen Di–Fr 10–12 u. 14–16, Sa, So 14–17 Uhr | Villnöß-Teis | Vereinshaus | Eintritt 4 Euro, Kinder (6–14 Jahre) 1,50 Euro* | www.mineralienmuseum-teis.it

NATURPARKFÜHRUNG [109 D5]

In der Rosengartengruppe am Anfang des Tschamintals bei Tiers beherbergt das Haus des ehemaligen Sägemüllers das *Informationszentrum des Naturparks.* Im Juli und August finden donnerstags von 14.30 bis 17.30 Uhr Themennachmittage für Kinder von 6 bis 12 Jahren statt

„Wenn ich nicht gleich ein Eis kriege, werde ich ernstlich böse", sagte der Sohn zum Vater

(Anmeldung erforderlich). *Kostenlos | Naturparkhaus Schlern-Tiers | Tel. 04 71 64 21 96*

LIENZER DOLOMITEN

KINDERWELT AM SCHLOSSBERG [111 F2]

Eine Sesselbahn führt zur Moosalm, wo im Streichelzoo Schafe, Pferde, Ziegen, Kaninchen und Meerschweinchen auf kleine Spielkameraden warten. Waldspielplatz. *Bei Schönwetter Mitte Mai–Sept. tgl. | Lienz | Eintritt frei | Sesselbahn 3,50 Euro, Kinder 1,50 Euro | www.moosalm.info*

LAMATREKKING [111 F1–2]

Die gutmütigen Tiere tragen den Rucksack, die Kinder führen die Lamas am Zügel – eine völlig neue Art des Wanderns, von der zweistündigen Schnuppertour bis zur viertägigen anspruchsvollen Hochgebirgstour. *Oberlienz 36 | Mobiltel. 0664/431 27 29 | 30 Euro pro Tag/Person bei 10 Personen | www.dolomitenlama.at*

TRENTINER DOLOMITEN

DISNEY MOUNTAIN FUN

So heißt ein gemeinsam mit der Disney Corporation speziell auf Kinder zugeschnittenes Unterhaltungspaket. In den Hotels, die der Initiative beigetreten sind, ist nicht nur die Bettwäsche disneylike, im Freien werden Spiele, Musik und Unterhaltung in Anlehnung an Mickey Mouse und seine Freunde inszeniert. Höhepunkt ist das Mittsommerfest, das Anfang Juli in Pinzolo, Mitte Juli in Pozza im Fassatal und Mitte August in Andalo gefeiert wird. *Informationen unter Tel. 04 61 83 90 00 u. www.trentino.to/disney*

HÜTTENFERIEN [115 E–F3]

Mit Schlafsack und den Eltern als Selbstversorger sind Hüttenferien am Fuß der Lagoraikette richtig spannend – und wenn es nur für eine Nacht ist. *Reservierung: Tourismusbüro Vanoi | Tel. 04 39 71 91 06 | www.vanoi.it*

MUSEO DELL'AERONAUTICA GIANNI CAPRONI [114 A5]

Modelle, Nachbauten und Originale von den Anfängen der Luftfahrt bis zur Neuzeit sind am Flughafen Trients ausgestellt. Auf dem Freigelände weist ein Starfighter-Jagdflugzeug den Weg. *Di–Fr 9–13 u. 14–17, Sa, So 10–13 u. 14–18 Uhr | Via Lidorno 3 | Trento Aeroporto | Eintritt 2,50 Euro, Kinder 1,50 Euro*

BELLUNESER DOLOMITEN

TIERGEHEGE [111 F4]

In Sappada, im Weiler Borgata Bach, wurde von der Forstbehörde ein Tiergehege eingerichtet. Auf einem Spazierweg lassen sich aus nächster Nähe Gämsen und Damhirsche bestaunen.

ZELTÜBERNACHTUNG [110 A5] Insider Tipp

Für Kinder ein Riesenspaß: am Nachmittag eine kurze Wanderung von Arabba zur Plan-Boè-Hütte, dort gibt es ein rustikales Abendessen. Geschlafen wird in Zelten, die die Hüttenbetreiber aufgestellt haben. Am nächsten Morgen können die Eltern ihre Kinder wieder abholen. *Plan-Boè-Hütte | Livinallongo, Arabba | Tel. 043 67 93 39*

> VON ANREISE BIS ZOLL

Urlaub von Anfang bis Ende: die wichtigsten Adressen und Informationen für Ihre Dolomiten-Reise

ANREISE

AUTO

Die direkteste Anreise führt von Norden über die Brennerautobahn A 22, mit Ausfahrten ins Gadertal, in die Pustertaler und Sextner Dolomiten, nach Cortina und Umgebung sowie in die Lienzer Dolomiten. Letztere sind auch über Österreich (Felbertauerntunnel) erreichbar. Nach Gröden und ins Schlerngebiet führt die Ausfahrt Klausen an der Brennerautobahn, nach Bozen und ins Rosengarten-Latemar-Gebiet die Ausfahrt Bozen-Nord. Ins Fassa- und ins Fleimstal fahren Sie über Auer ab, nach San Martino di Castrozza, Feltre, Belluno und das Agordino über Trient-Nord und die Schnellstraße in Richtung Padua. Schweizer reisen am besten über den Gotthardtunnel und die Autobahn Mailand–Verona an.

Eine Alternative sind die Autozüge, die ganzjährig von Hamburg, Berlin und Düsseldorf (im Sommer auch von Dortmund) aus nach Bozen fahren. *www.db-autozug.de*

Ein Hinweis für die weitere Anreise: Was auf der Karte als der kürzeste Weg erscheint, geht dann in nervenzehrende Langsamkeit über – vor allem bei schlechtem Wetter – abenteuerliche Passstraßen, während der scheinbare Umweg auf Talstraßen Zeit und Aufregung spart.

PRAKTISCHE HINWEISE

BAHN
Mit der Bahn sind die Orte am Rand der Dolomiten erreichbar: Bozen, Brixen, Bruneck, Lienz, Trient, Belluno und Feltre. Von Süden fährt die Bahn bis nach Calalzo bei Pieve di Cadore. Auskunft über sämtliche Bahnverbindungen auch der italienischen Staatsbahn *(Ferrovie dello Stato | www.trenitalia.com)* erteilt die Deutsche Bahn, *www.bahn.de*.

FLUGZEUG
Für Direktflüge nach Bozen (z. B. mit Air Alps ab Hannover für 199 Euro hin u. zurück) gibt es Informationen am Flughafen Bozen *(Flughafen Bozen | Tel. 04 71 25 52 55 | www.abd-airport.it)*. In Verona landen Linienmaschinen aus Frankfurt, München und Wien *(Flughafen Verona | Tel. 04 58 09 56 66 | www.aeroportoverona.it)* und in Innsbruck Linienflüge aus Hannover und Wien *(Flughafen Innsbruck | Tel. 0512/225 25-304 | www.innsbruck-airport.com)*. Ganzjähriger Bustransfer von den Flughäfen Verona, Venedig und Innsbruck nach Bozen oder Meran ab 17 Euro, Buchung bei *Terravision (Tel. 06 45 44 13 45)*.

Vom Flughafen von Venedig führt eine regelmäßige Busverbindung nach Cortina d'Ampezzo, in der Hauptsaison täglich, sonst nur am Samstag und Sonntag. Informationen in Cortina bei *Autolinea A.T.V.O. (Tel. 04 21 59 44 u. 04 36 86 79 21 | www.atvo.it/cortina.php)*. Auch eine Hubschrauber-Verbindung wird angeboten *(Tourismusbüro Cortina | Tel. 04 36 32 31 | www.heliair.it)*.

AUSKUNFT

A.P.T. BELLUNO, FELTRE, ALPAGO
Via Pesaro 21 | 32100 Belluno | Tel. 04 37 94 00 84 | Fax 04 37 94 00 73 | www.infodolomiti.it (auch Deutsch)

ENIT
Italienische Zentrale für Tourismus. *Neue Mainzer Str. 26 | 60311 Frankfurt | Tel. 069/23 70 69 | Fax 23 28 94 | www.enit.it*

SÜDTIROL INFORMATION
Über die Institution erreichen Sie die einzelnen Gebietstourismusverbände. *Pfarrplatz 11 | 39100 Bozen | Tel. 04 71 99 99 99 | Fax 04 71 99 99 00 | www.suedtirol.info*

TRENTINO MARKETING
Via Romagnosi 11 | 38100 Trento | Tel. 800 87 36 84 66 (gebührenfrei), 04 61 21 95 00 | Fax 04 61 21 94 06 | www.trentino.to

TOURISMUSBÜRO LIENZER DOLOMITEN
Europaplatz 1 | A-9900 Lienz | Tel. 04852/652 65 | Fax 65 26 52 | www.lienz-tourismus.at

AUTO
Parken: In den meisten Städten ist der Parkraum knapp, und es gelten

strenge Beschränkungen. Oft dürfen in der Innenstadt nur Anrainer mit einem speziellen Ausweis auf den weiß umrandeten Parkplätzen frei parken. Gebührenpflichtige Parkplätze sind blau begrenzt. Falschparken ist sehr teuer, der Abschleppwagen schnell zur Stelle.

Die Promillegrenze liegt bei 0,5. Motorrad- und Mopedfahrer müssen auch bei Tag mit eingeschaltetem Licht fahren, ebenso die Autofahrer außerhalb von Ortschaften. Das Tempolimit auf Landstraßen liegt bei 90 km/h, auf Autobahnen bei 130 km/h, auf der Brennerautobahn bis Bozen bei 110 km/h. Fahrzeuge im inzwischen vielerorts eingeführten Kreisverkehr haben Vorfahrt. Eine Warnweste muss bei Unfall oder Panne außerorts vor dem Verlassen des Wagens angelegt werden.

BANKEN & KREDITKARTEN

Die Banken sind meist Mo–Fr 8.30 bis 13 und 14.30–16.30 Uhr geöffnet, in Touristenhochburgen oft auch länger und am Samstagvormittag. Bankautomaten sind verbreitet.

Kreditkarten wie Visa, Mastercard und American Express werden überall in größeren Hotels und Geschäften, an der Autobahn und in den Skipassbüros akzeptiert.

BAUERNHOFURLAUB

Die vielen Bauernhöfe, die in den Dolomiten Ferienaufenthalte anbieten, sind zu Vereinigungen zusammengefasst.

– Südtiroler Bauernbund | Schlachthofstr. 4D | 39100 Bozen | Tel. 04 71 99 93 08 | Fax 04 71 98 11 71 | www.roterhahn.it

– Associazione Agriturismo Trentino | Via Iacopo Acuncio 13 | 38100 Trento | Tel. 04 61 23 53 23 | Fax 04 61 23 53 35 | www.agriturismotrentino.it

BUSSE

Die Busverbindungen in die vielen Seitentäler und kleinen Orte sind gut, während die Bahn nur die Randgebiete der Dolomiten erreicht. Fahrplanauskünfte der Buslinien erteilen:

– Belluno: Dolomiti-Bus | Tel. 04 37 21 71 11 | www.dolomitibus.it

– Lienz: TVB Lienzer Dolomiten | Tel. 04852/652 65 | www.postbus.at

– Südtirol: Transport Verbund System | Tel. 800 84 60 47 (gebührenfrei) | www.sii.bz.it

–Trentino: Trentino Trasporti Spa | Tel. 04 61 82 10 00 | www.ttspa.it

CAMPING

Auf der Internetseite des Campingvereins Südtirol finden Sie alle nötigen Informationen über die 39 Campingplätze Südtirols: *www.camping.suedtirol.com*. Campingführer gibt es auch über die Websites der Tourismusverbände (s. „Auskunft“).

DIPLOMATISCHE VERTRETUNGEN

HONORARKONSULAT DER BRD

Dr.-Streiter-Gasse 12 | Bozen | Tel. 04 71 97 18 58 | Fax 04 71 97 57 79

ÖSTERREICHISCHES GENERALKONSULAT

Piazza del Liberty 8/4 | Mailand | Tel. 02 78 37 43 | Fax 02 78 36 25

GENERALKONSULAT DER SCHWEIZ

Via Palestro 2 | Mailand | Tel. 027 77 91 61 | Fax 02 76 01 42 96

PRAKTISCHE HINWEISE

EINTRITT & PREISE

Die Eintrittspreise für Sehenswürdigkeiten und Museen liegen zwischen 2 und 8 Euro. In fast jeder Disco wird Eintritt verlangt, dafür gibt es ein Freigetränk.

Die Preise haben durchschnittliches europäisches Niveau. Teuer ist ein Restaurantbesuch (außer in einer Pizzeria), günstig sind Sport- und Designermoden, Schuhe, viele Lebensmittel, Wein und Spirituosen, Zigaretten.

GESUNDHEIT

Generell ist die ärztliche Versorgung im Dolomitengebiet sehr gut, EU-Bürger können den allgemeinen staatlichen Gesundheitsdienst in Anspruch nehmen. Den zuständigen Notarzt nennen Ihnen das Krankenhaus, das Tourismusbüro oder das Hotel. Die europäische Krankenversicherungskarte EHIC (European Health Insurance Card) oder der Auslandskrankenschein Ihrer Krankenkasse ermöglichen eine kostenlose Behandlung.

INTERNET

– Offizielles Bürgernetz der Provinz Bozen mit Museenführer und Wetterinfos: *www.provinz.bz.it*
– Über Belluno informiert auf Italienisch, Englisch und Französisch *www.webdolomiti.net*
– Alpenverein Südtirol: *www.alpenverein.it*
– SAT (Società degli Alpinisti Trentini): *www.sat.tn.it*
– Informationen über die Dolomiten: *www.dolomiti.it*
– Alles übers Skifahren im Gebiet: *www.dolomitisuperski.com*
– Mehr als nur hübsche Bilder: *www.dolomiten.net*
– Informationen zu den Städten und Gemeinden sowie weiterführende Links: *www.comuni-italiani.it/022/205/index.html*
– Aktuelle Veranstaltungen, Ausstellungen, Partys und Konzerte in Südtirol: *www.inside.bz.it* | *www.eventguide.it*

WAS KOSTET WIE VIEL?

KAFFEE	**1 EURO** für eine Tasse Espresso
JAUSE	**10 EURO** für einen Tagesteller auf der Hütte
WEIN	**1,50 EURO** für ein Glas Tischwein
LIFT	**25 EURO** für eine Tageskarte
BENZIN	**1,45 EURO** für 1 l Super
APFELSTRUDEL	**2,40 EURO** für eine Portion

INTERNETCAFÉS

Ein Internetzugang ist in größeren Orten in vielen öffentlichen Bibliotheken, auch in Raiffeisenkassen, in Internetcafès oder -points der Telefonanbieter möglich. Eine Auswahl:
– *Belluno: KI Point | Via Feltre 192*
– *Bozen: Cafè Brennpunkt | Brennerstr. 7*
– *Canazei, Fassatal: Internet Point dot.com | Streda Dolomites*
– *Cortina: Internet Point Multimedia TIM Italia | Largo Poste 29*

– *Madonna di Campiglio: Bar Azzurro | Viale Dolomiti di Brenta –Trient: Caffé Olimpia | Via Belenzani 33/1*

JUGENDHERBERGEN

Die Adressen der Jugendherbergen in Südtirol finden Sie unter *www.jugendherberge.it*. Im Trentino gibt es in San Martino di Castrozza und in Trient Herbergen, in Belluno im Val Imperina.

KLIMA & REISEZEIT

Die Tiefdruckgebiete des Atlantiks beeinflussen kaum das Klima auf der Alpensüdseite. Schlechtwetter zieht mit feuchten, aber milden Strömungen von der nahen Adria oder vom Golf von Genua zu den Bergen. Der Alpenhauptkamm hält starke, kalte Luftströme aus dem Norden ab. In den Dolomiten gibt es mehr Sonnentage und nur ca. halb so viel Niederschlag wie auf der Alpennordseite.

Die beste Reisezeit hängt von den Zielen ab: Im Sommer und im Winter sind das die Berge; im Herbst ist es dagegen in den Weingegenden und im Mittelgebirge am schönsten, und im Frühjahr lohnt die Obstbaumblüte in den Tallagen eine Reise.

MIETWAGEN

Große Mietwagenfirmen sind in den Provinzhauptstädten und wichtigeren Ferienorten mit eigenen Niederlassungen vertreten. Die Preise für Mietautos sind am günstigsten bei einer Wochenpauschale. Ein Preisvergleich: Ein Tag kostet für einen Kleinwagen (Polo, Micra, Punto) um die 65 Euro, Steuer, Versicherung und 150 Tageskilometer inbegriffen. Für eine Woche Miete sind 180 Euro zuzüglich 63 Euro für die Vollkaskoversicherung (nicht obligatorisch) bei 500 Freikilometern zu bezahlen.

NOTRUF

Die Landesnotrufzentrale hat die Nummer *118*. Von dort werden die einzelnen Spezialeinheiten (Feuerwehr, Polizei, Bergrettung, Ab-

WETTER IN BOZEN

	Jan.	Feb.	März	April	Mai	Juni	Juli	Aug.	Sept.	Okt.	Nov.	Dez.
Tagestemperaturen in °C	5	9	14	19	22	27	29	28	24	18	11	6
Nachttemperaturen in °C	-3	-1	4	8	11	15	16	16	13	8	2	-2
Sonnenschein Std./Tag	3	4	5	6	6	7	8	7	6	5	3	3
Niederschlag Tage/Monat	4	3	6	7	10	9	8	8	8	7	7	5

schleppdienst) verständigt. Seit 2008 wird auch in Italien auf die europäische Notrufnummer 112 umgestellt.

ÖFFNUNGSZEITEN

Die privaten Museen haben unterschiedliche Öffnungszeiten. Öffentliche Museen sind meist am Montag geschlossen. Während in den Touristenorten manche Geschäfte auch spätabends und am Sonntag geöffnet sind, sind die Öffnungszeiten in den Städten üblicherweise 9–12 und 15–19 Uhr. Die Touristinformationen haben ähnliche Öffnungszeiten.

In der Hauptsaison (Juli/August und in den Wintersportorten Ende Dezember bis Ende März) haben Restaurants, Gaststätten und Hütten normalerweise keinen Ruhetag. Die Ruhetage in der übrigen Zeit des Jahres sind in diesem Führer angegeben.

POST

Postämter sind Mo–Fr 8–13.30/14 und Sa 8–11.45 Uhr geöffnet. Briefmarken gibt es auch in Bars und in Tabakläden. Das Porto für eine Karte oder einen Brief (bis 20 g) mit der ins Ausland obligatorischen *posta prioritaria* beträgt 0,62 Euro.

STROM

Netzspannung 220 Volt. Nicht überall ist der Schukostecker Standard, somit ist ein Adapter von Nutzen.

TELEFON & HANDY

Bei Problemen gibt es den Vermittlungsdienst: Wählen Sie „15" für Anrufe in Europa. Telefonwertkarten verkaufen die Filialen der Telefongesellschaft, Zeitungs- und Bahnhofskioske. Vorwahl für Italien: 0039, dann direkt die Teilnehmernummer einschließlich der Null am Anfang wählen. Von Italien nach Deutschland wählt man 0049, nach Österreich 0043, in die Schweiz 0041.

Italienische Handynummern erkennt man an einer dreistelligen Vorwahl, die üblicherweise mit einer 3 beginnt. Denken Sie daran, dass im Gebirge der Handyempfang nicht überall und stets gewährleistet ist, geben Sie daher immer im Hotel das Ausflugsziel an, damit die Bergretter auch ohne Handy-Notruf wissen, wo sie im Notfall suchen müssen. Nicht vergessen: Im Ausland bezahlen Sie auch, wenn Sie auf dem Handy angerufen werden. Mit einer italienischen Prepaid-Karte entfallen die Gebühren für eingehende Anrufe. Hohe Kosten verursacht die Mailbox: besser noch im Heimatland abschalten!

TRINKGELD

Noch immer wird in manchen Lokalen für Gedeck und Bedienung ein Zuschlag berechnet, der bei der Pizzeria meist 1–2 Euro beträgt und im Restaurant 10–15 Prozent der Rechnung betragen kann. Dann wird natürlich kein Trinkgeld erwartet. Ansonsten gilt als Richtwert 5–10 Prozent des Rechnungsbetrags.

ZOLL

EU-Bürger können Waren des persönlichen Bedarfs innerhalb der EU frei ein- und ausführen, Grenzen gibt es bei Wein (90 l), Zigaretten (800 Stück) und Spirituosen (10 l). Bei der Einfuhr in die Schweiz sind 200 Zigaretten, Wein bis zu 2 l und Spirituosen bis zu 1 l frei. *www.zoll.de* | *www.zoll.admin.ch*

> PARLI ITALIANO?

„Sprichst du Italienisch?" Dieser Sprachführer hilft Ihnen, die wichtigsten Wörter und Sätze auf Italienisch zu sagen

Aussprache

c, cc	vor „e, i" wie deutsches „tsch" in deutsch, Bsp.: dieci, sonst wie „k"
ch, cch	wie deutsches „k", Bsp.: pa**cchi**, **ch**e
ci, ce	wie deutsches „tsch", Bsp.: **ci**ao, **ci**occolata
g, gg	vor „e, i" wie deutsches „dsch" in Dschungel, Bsp.: **g**ente
gl	ungefähr wie in „Familie", Bsp.: fi**gl**io
gn	wie in „Kognak", Bsp.: ba**gn**o
sc	vor „e, i" wie deutsches „sch", Bsp.: u**sc**ita
sch	wie in „Skala", Bsp.: I**sch**ia
sci	vor „a, o, u" wie deutsches „sch", Bsp.: la**sci**are
z	immer stimmhaft wie „ds"

Ein Akzent steht im Italienischen nur, wenn die letzte Silbe betont wird. In den übrigen Fällen haben wir die Betonung durch einen Punkt unter dem betonten Vokal angegeben.

AUF EINEN BLICK

Ja./Nein./Vielleicht.	Sì./No./Fọrse.
Bitte./Danke./Vielen Dank!	Per favọre./Grạzie./Tạnte grạzie.
Gern geschehen.	Non c'è di che!
Entschuldigen Sie!	Scụsi!
Wie bitte?	Prẹgo?/Cọme, scụsi?/Cọme dịce?
Ich verstehe Sie/dich nicht.	Non La/ti capịsco.
Ich spreche nur wenig …	Pạrlo sọlo un po' di …
Können Sie mir bitte helfen?	Mi può aiutạre, per favọre?
Ich möchte …	Vorrẹi …
Das gefällt mir (nicht).	(Non) mi piạce.
Haben Sie …?	Ha …?
Wie viel kostet es?	Quạnto cọsta?
Wie viel Uhr ist es?	Che ọre sọno?/Che ọra è?

KENNENLERNEN

Guten Morgen!/Tag!	Buon giọrno!
Guten Abend!	Buọna sẹra!
Gute Nacht!	Buọna nọtte!
Hallo!/Grüß dich!	Ciạo!
Ich heiße…	Mi chiạmo…
Auf Wiedersehen!	Arrivedẹrci!
Tschüs!	Ciạo!

> *www.marcopolo.de/dolomiten*

SPRACHFÜHRER ITALIENISCH

Bis bald!	A prẹsto!
Bis morgen!	A domạni!

UNTERWEGS

AUSKUNFT

links/rechts	a sinịstra/a dẹstra
geradeaus	dirịtto
nah	vicịno
weit	lontạno
Wie weit ist das?	Quạnti chilọmetri sọno?
Ich möchte … mieten.	Vorrẹi noleggiạre …
… ein Auto	… ụna mạcchina.
… ein Fahrrad	… ụna biciclẹtta.
Bitte, wo ist …	Scụsi, dov'è …
… der (Haupt-)Bahnhof?	… la staziọne (centrạle)?
… die Haltestelle?	… la fermạta?

PANNE

Ich habe eine Panne.	Ho un guạsto.
Würden Sie mir einen Abschleppwagen schicken?	Mi potrẹbbe mandạre un cạrro-attrẹzzi?
Gibt es hier in der Nähe eine Werkstatt?	Scụsi, c'è un'officịna qui vicịno?

TANKSTELLE

Wo ist bitte die nächste Tankstelle?	Dov'è la prọssima staziọne di servịzio, per favọre?
Ich möchte … Liter …	Vorrẹi … lịtri di …
… Super./… Diesel.	… sụper./… gasọlio.
… Bleifrei/… Verbleit.	… sẹnza piọmbo (vẹrde)/ … con piọmbo.
Voll tanken, bitte.	Il piẹno, per favọre.

UNFALL

Hilfe!	Aiụto!
Achtung!/Vorsicht!	Attenziọne!
Rufen Sie bitte schnell …	Chiạmi sụbito …
… einen Krankenwagen.	… un'autoambulạnza.
… die Polizei.	… la polizịa.
… die Feuerwehr.	… i vịgili del fuọco.

Haben Sie Verbandszeug?	Ha materiạle di prọnto soccọrso?
Es war meine Schuld.	È stạta cọlpa mịa.
Es war Ihre Schuld.	È stạta cọlpa Sụa.
Geben Sie mir bitte Ihren Namen und Ihre Anschrift!	Mi dịa il Sụo nọme e indirịzzo, per favọre!

ESSEN/UNTERHALTUNG

Wo gibt es hier …	Scụsi, mi potrẹbbe indicạre …
… ein gutes Restaurant?	… un buọn ristorạnte?
… ein typisches Restaurant?	… un locạle tịpico?
Gibt es in der Nähe eine Eisdiele?	C'è ụna gelaterịa qui vicịno?
Reservieren Sie uns bitte für heute Abend einen Tisch für vier Personen.	Può riservạrci per stasẹra un tạvolo per quạttro persọne?
Auf Ihr Wohl!	(Ạlla Sụa) salụte!
Bezahlen, bitte.	Il cọnto, per favọre.
Hat es geschmeckt?	Andạva bẹne?
Haben Sie einen Veranstaltungskalender?	Ha un progrạmma dẹlle manifestaziọni?

EINKAUFEN

Wo finde ich …	Dọve pọsso trovạre …
… eine Apotheke?	… ụna farmacịa?
… eine Bäckerei?	… un panifịcio?
… ein Fotogeschäft?	… un negọzio di artịcoli fotogrạfici?
… ein Kaufhaus?	… un grạnde magazzịno?
… ein Lebensmittelgeschäft?	… un negọzio di gẹneri alimentạri?
… den Markt?	… il mercạto?
… einen Supermarkt?	… un supermercạto?
… einen Tabakladen?	… un tabaccạio?
… einen Zeitungshändler?	… un giornalạio?

ÜBERNACHTEN

Können Sie mir bitte … empfehlen?	Scụsi, potrẹbbe consigliạrmi …
… ein Hotel …	… un albẹrgo?
… eine Pension …	… ụna pensiọne?
Ich habe bei Ihnen ein Zimmer reserviert.	Ho prenotạto ụna cạmera.
Haben Sie noch …	È lịbera …
… ein Einzelzimmer?	… ụna sịngola?

… ein Zweibettzimmer?	… ụna dọppia?
… mit Dusche/Bad?	… con dọccia/bạgno?
… für eine Nacht?	… per ụna nọtte?
… für eine Woche?	… per ụna settimạna?
Was kostet das Zimmer …	Quạnto cọsta la cạmera …
… mit Frühstück?	… con la prịma colaziọne?
… mit Halbpension?	… a mẹzza pensiọne?

PRAKTISCHE INFORMATIONEN

ARZT

Können Sie mir einen guten Arzt empfehlen?	Mi può consigliạre un buọn mẹdico?
Ich habe Durchfall.	Ho la diarrẹa.
Ich habe …	Ho …
… Fieber.	… la fẹbbre.
… Kopfschmerzen.	… mal di tẹsta.
… Zahnschmerzen.	… mal di dẹnti.

POST

Was kostet …	Quạnto cọsta …
… ein Brief …	… ụna lẹttera …
… eine Postkarte …	… ụna cartolịna …
… nach Deutschland?	… per la Germạnia?

ZAHLEN

0	zẹro	19	diciannọve
1	ụno	20	vẹnti
2	dụe	21	ventụno
3	tre	30	trẹnta
4	quạttro	40	quarạnta
5	cịnque	50	cinquạnta
6	sei	60	sessạnta
7	sẹtte	70	settạnta
8	ọtto	80	ottạnta
9	nọve	90	novạnta
10	dięci	100	cẹnto
11	ụndici	101	centoụno
12	dọdici	200	duecẹnto
13	trẹdici	1000	mịlle
14	quattọrdici	2000	duemịla
15	quịndici	10000	diecimịla
16	sẹdici		
17	diciassẹtte	1/2	un mẹzzo
18	diciọtto	1/4	un quạrto

Rosengarten

> UNTERWEGS IN DEN DOLOMITEN

Die Seiteneinteilung für den Reiseatlas finden Sie auf dem hinteren Umschlag dieses Reiseführers

REISE ATLAS

Stulles
Platt
Plata
Walten
Váltina
P. di M. Giovo
2480
XI-V
Penser Joch
Pso.di Pénnes
Asten
Laste
Ulfass
Ulfes
Timmelsjoch-hochalpenstraße
St. Leonhard i. Pass.
S. Leonardo i. Pass.
Guardialta
Cno. Bianco
2705
Naturpark
la Clava
2868
St. Martin i. Pass.
S. Martino i. Pass.
2746
Texelgruppe
Prantach
Prantago
P. d. Alpetta
2748
Falser Tal
Valle di Vals
Penser Tal
Val di Pénnes
Weißenbach
Riobianco
Pens
Pénnes
Rif. Vallaga
Sarntaler Alpen
Monti Sarentini
Obertall
Talle di Sopra
Parco del Gruppo di Tessa
Val Passiria
P. Cervina
2781
Durnholz
Valdurna
Rio Valdurna
Durnholzer Tal
Valdurna
Rio Sopranes
Rifiano
Rifian
Verdins
Torrente Tálvera
Cma. S. Cas
2581
Dorf Tirol
Tirolo
Scena
Schenna
Falzeben
Reinswald
S. Martino
Villanderer Alm
Alpe di Villandro
MERAN
MERANO
Meran 2000
(Merano 2000)
Astfeld
Campolasta
Villandersberg
M.Villandro
2509
Giogo d. Corce
2086
Hafling
Sarnthein/
Sarentino
Sinigo
Sinich
Engether
Alpenrose
Waldbichl
Bad Schörgau
Bagni Serga
Rittner Horn
Cno. di Renon
2259
Lana
Burgstall
Postal
Vöran/
Verano
Aschl/
Eschio
Kampidell/
Campitello
Bundschen/
Ponticino
Tanzbach
Gißmann/
Madonnina di Renon
Gargazon/
Gargazzone
Mölten/
Meltina
Flass/
Valas
Schwarzeck
1527
Sarntal
Etsch
Schlaneid/
Salonetto
Pemmern/
Tre Vie
Sulfertalerhof
Bad Süss/
Bagno Dolce
Völlan
Foiana
Leonburg
Verschneid/
Frassineto
Tomanegger
Afing/
Avinga
Oberinn/
Auna di Sopra
Ritten/
Renon
Lengstein
Tisens/Tésimo
Vilpian/
Vilpiano
Wiserhof
Erdpyramiden
Rittnerbahn
Gfrill/
Caprile
Prissian
Prissiano
Bad Gfrill
Grissian
Nals/
Nálles
Terlan/
Terlano
Jenesien/
San Genesio Atesino
Talfer-B.
Schloss Runkelstein
Cast. Roncolo
(262)
Klobenstein/
Collalbo
Andrian/
Andriano
Siebeneich/
Settequerce
Guntschna/
Guncina
BOZEN/
BOLZANO
Wolfsgruben/
Costalovara
Völs am Fie allo
Perdonig/
Predonico
Waldruhe
Unterrain
R. d. Sotto
Ádige
Moritzing
Bozen N./
Bolzano N.
St. Felix
S. Felice
1866
Gantkofel
Schl. Hocheppan
Schl. Sigmundskron
Cast. Firmiano
Frangart
Rensch
Blumau
Aicha
Oberau
Karneid
Steinegg
St. Pauls
Bozen S./
Bolzano S.
Haselberg
Stadlegg
M. Pozza
1615
Breien/
Brie
Eppan a.d.Weinstr.
Appiano s.Str.d.Vino
Girlan
St. Jakob
Eggental
Valle d'Ega
Karneidbach
St. Michael
Rif. Regole
Falcl
M. Pénegal
1737
Malosco
Planitzing
Steinmannwald/
Pineta
Wölfl/
Lupicino
Gummer/
S. Valent. i. Campo
Mendelpass/
Pso. di Mendola
Ronzone
(1363)
Pfatten/
Vadena
Leifers/
Laives
Deutschnofen
Nova Ponente
Birchabruck
Cavareno
Kaltern a. d. Weinstr.
Caldaro s. Str. d. Vino
Amblar
Don
Stadlhof
Kalterer See
Branzoll/
Bronzolo
Petersberg
Maria Weißenstein
Ganischgerhof
St. Josef a. See
Südtiroler Weinstr.
Söll
Aldein/
Aldino
5 km
Tramin a. d. Weinstr./
Termeno s. Str.d.Vino
Auer/
Ora
Lahneralm
Bletter-B.
2317
Weißhorn
Sporthot. Lavazè
Hohlen
Radein
Jochgrimm
Kaltenbrunn/
Graun
Egna/Ora
114
108

40
Mittenwald
Mezzaselva
Meransen
Maranza
Vintl
Vandoies
Terento
St. Sigmund
S. Sigismondo
Kiens
Chiénes
Issing
Issengo
Pfalzen
Falzes
A22
E66
49
12
Rienz
Pustertal
Mühlbach
Rio di Pusteria
Nauders
S. Benedetto
Franzensfeste
Fortezza
Spinga
Vill
Villa
Rodeneck
Rodengo
Lüsner Alpe
Alpe di Luson
Ehrenbg.
Casteldarne
Sonnenbg.
Castelbadia
Schloss Rodeneck
Rio Vallaga
Brixen/
Bressanone
Schabs
Sciaves
Natz
Naz
Lüsener Tal
Val di Luson
Lüsen
Luson
Montal
Mantana
Saalen
Sáres
244
Giogo d'Asta
2194
Onach
Onies
Gadertal
Schalders
Scaléres
Vahrn
Varna
Neustift
Novacella
Elvas
Schalderer Tal
Val di Schaléres
Brixen
Bressanone
St. Leonhard/S. Leonardo
Hofburg
St. Andrä
S. Andrea
i. Monte
Cima di Plose
2486
Plose
Welschellen
Rina
Zwischenwasser
Longega
Brixen Süd
Bressanone S.
Tils
Tiles
Klerant
Cleran
Schnauders
Snodres
A22
Palmschoß
Plàncios
Lasenken
Untermoi
Antermója
Würzjochhs.
Rif. Sass de Pútia
Val
St. Martin
S. Martino
Feldthurns
Velturno
Sarns
Albeins
Albés
Kreuztal
Valcroce
X-V
Kofel-Joch
(1863)
Würzjoch (2004)
Peitlerkofel
2874
E45
48
Kloster Säben
Teis
Tiso
Aferer Tal
Val di Eores
40
M. Tullo
2653
Campill
Longiarù
Klausen
Chiusa
Gufidaun
Gudon
Klausen/Chiusa
Villnößtal
Val di Funes
St. Peter/ S. Pietro
Villnöß
Fúnes
St. Magdalena/
S. Maddalena
Zanser Alm
Naturpark
Púez-Geisler
Longiarù
Badia
Lajen/
Laion
Geisler Gruppe
le Odle
3025
Sass Rigais
Puezspitzen
2915
Abtei
Badia
Pedratsches
Sankt Peter
2282
Raschötz/
Rasciesa
M. Seceda
2518
Parco Regionale
Col de la Pieres
2751
Púez-Odle
Puezgruppe
43
16
Grödner Tal/ Val Gardena
St. Michael
St. Ulrich
Ortisei
Annatal
242
St. Christina in Gröden/
S. Cristina Val Gardena
Wolkenstein in Gröden
Selva di Val Gardena
(2121)
Fontanacia
Stern
la Villa
Kastelruth/
Castelrotto
Pufels
Bulla
2010
Monte
Pana
Grödner Joch/
Passo di Gardena
243
Corvara/
Corvara
in Badia
Piz La
2078
Oswald
Seis
Compatsch
Saltner/
Saltria
Brunelle
Cadinat
Langkofel
Sasso Lungo
3181
Sellagruppe
Passo di
Campolongo
(1875)
Seiser Alm/
Alpe di Siusi
Naturpark
Zallinger
Hütte
Sellajoch/
Passo di Sella
(2244)
242
3151
Piz Boé
Schlern-Rosengarten
2564
Schlern
Mte. Sciliar
La Palaccia
2351
Baita
2655
Col Rodella
2485
Roja
Pordoijoch
Passo Pordoi
(2239)
17
Gliera
Arabba
Parco Regionale
Roterd-Spitze
Antermoia-K.
2902
Campitello
di Fassa
Canazei
48
Sciliar-Catinaccio
Blahnbad
Gries
Fontanazzo
641
Veneto
Trentino
Alto Adige
Tonin
(1630)
Nigerpass/
Passo Nigra
Rosengartenspitze
Cima Catinaccio
2981
Rosengarten
Mazzin
Val di Fassa
2436
Col Bel
Alba
Penia
29
Marmolada
3342
(2057)
Welschnofen/
Nova Levante
Roda di
Rotwand
2806
Vael
Pozza
di Fassa
Soldanella
Sasso di Rocca
2618
Malga
Ciapela
Sauc
Ciampie
Sassi du Valfredda
2883
Punta Uomo
3010
3009
M. Fop
Col Becher
2444
13
Vajolet
Karersee
Vigo di
Fassa
Valle di S. Nicolò
Karerp.
Passo di
Costalunga
(1745)
11
Soraga
Pta Vallaccia
2639
Dolomiti
Südtirol
Trentino
35
Val
2842
Latemar
Moéna
Someda
Martinet
Alb. Costabella
Passo di
San Pellegrino
(1918)
Feder
Sappade
6
Maien-A.
12
Fiemme
Fango
346
20
Cima Bocce
2745
L. di Cavia
Valt
Caviola
Falcade
Zischgalm
Forno
48
Viezzena
2491
Passo di
Valles
(2033)
1
Cma. della Stia
2358

109
115

Sand in Taufers
Campo Túres
Taufers/Túres
Mühlen
Molini di Túres
Mühlwalder Tal
V. Selva dei Molini
Ahornach
Acereto
Winkelbad
Bagni d. Cantúccio
Kematen
Caminata
Riva di Túres
Parco
Rieserfernergruppe
Rieserferner
Naturale
Vedrette di Ries
Vedrette di Ries-
Aurina
Gr. Lenkstein
3236
Collalto
3435
Nationalpark
Hohe Tauern
Erlsbach
Barmer Hütte
Staller Alm
Obersee
Oberseehütte
Staller Sattel
Pso. di Stalle
M. Altacroce
2740
Jesachalm
Blindisalm
Riepensp.
2774
Uttenheim
Villa Ottone
M. Sommo
2418
Mühlbach
Riomolino
Tesselberg
Montassilone
St. Georgen
S. Giórgio
Pfalzen
Falzes
Freilichtmuseum
Bruneck
Brunico
Sonnenbg.
Castelbadia
Percha
Perca
Val
St. Lorenzen
(S. Lorenzo di Sebato)
Saalen
Sáres
Olang
Valdáora
Plan de Corones
2272
Kronplatz
Antholz
Anterselva d. Sopra
Antholz-Mittertal
Anterselva di Mezzo
Antholz-Niedertal
Anterselva d. Sotto
Antholzer Tal
Valle di Anterselva
Rasen-Antholz
Bad Salomonsbrunn
Bagni di Salomone
Rasun-Anterselva
Oberrasen
Rasun d. Sopra
Niederrasen
Rasun d. Sotto
Taisten
Tesido
Ried
Novale
Welsberg-/Monguelfo-
Croda Rossa
2818
St. Magdalena
S. Maddalena
Dörfl
Villa
Vallanta
Gsieser Tal
St. Martin
S. Martino
Kärlsspitze
2612
M. Novale d. Fuori
2493
Valle di Casies
Oberplanken
Planca d. Sopra
Unterplanken
Planca d. Sotto
Kandellen
Aufkirchen
S. Maria
Innichen
S. Cándido
Toblach
Dobbiaco
Niederdorf
Villabassa
Pusteria
Pflung
Vallone
Bad Bergfall
Bagni di Pervalle
M. Muro
2567
Prags/Bráies
Pragser Wildsee
Croda d. Becco
2810
Zwischenwasser
Longega
Gadertal
St. Vigil
Enneberg
Marebbe
Pizzo d. Pietre
2507
Naturpark
2787
Fánes-Sénnes-Prags
Südtirol-Trentino
Veneto
Parco
M. Sella di Sénnes
Tamers
Tamóres
Picco d. Vallandro
2839
Croda Rossa
3139
Rif. Pederú
St. Martin i. Thurn
S. Martino i. Badia
Wengen
La Valle
Campill
Longiarú
Parco Reg.
Fánes-
Sénnes-
Bráies
Rif. Fodara Vedla
Croda de r'Ancona
2367
Pareisp.
2794
Regionale
delle
Dolomiti
Cma. Dieci
3026
Kl. Fanes-Alpe
Alpe Fánes Piccola
la Varella
3055
Valle di Fánes
Abtei
Badia
Stern
la Villa
St. Kassian
S. Cassiano
Armentarola
Piz la Villa
2078
Corvara/
Corvara in Badia
Pralongia
2139
Sextner Dolomiten
Croda di Baranci
2905
Cma. Tre
Parco Reg.
Dolomiti di
Dolomiti di Sesto
Val di Landro
Höhlensteintal
Rif. Baranci
Drei Zinnen
Tre Cime di Lavaredo
2999
M. Piana
2324
Schluderbach
Carbonin
Rufreddo
Grande Giro delle Dolomiti
Gruppo del
M. Cristallo
3220
d'Ampezzo
Pomagnon
2450
Cristallo
(1809)
Misurina
Lago di Misurina
Cima Cadini
2839
Gruppo dei Cadini
C. Orsolina
Passo Tre Croci
Tofana di Mezzo
3244
V. Travenánzes
Valle d'Ampezzo
Cortina d'Ampezzo
Pocol
Tondi di Falória
2272
Zuèl
Ris. Nat. Somadida
Pso. di Valparola
(2192)
Pso. di Falzárego
(2105)
Livinallongo
M. Averau
2648
Nuvolau
2575
Pso. di Giau
(2236)
Croda da Lago
2715
Punta Sorapis
3205
Gruppo delle Marmarole
Sorapis
Rif. Galassi
M. Ciaudierona
2587
Antelao
3263
Arabba
Cherz
Col di Lana
2462
Cernadoi
Pieve d. Liv.
M. Migogn
2385
Colle S. Lucia
Salva di Cadoce
Toffol
Ris. Nat. Monte Pelmo-Mondeval-Passo Giau
Chiapuzza
S. Vito di Cadore
Le Scalette
2576
M. S. Tiera
2150
Villanovo
Borca di Cadore
Corte
Vodo Cadore
Rocca Piétore
Caprile
Rudatos
Pescul
(1773)
M. Pelmo
3168
Rif. la Maceta
Malga Ciapela
Sottoguda
Saviner
Alleghe
Rif. A. Sonino
2407
Sasso Bianco
L. d. Alleghe
L. Coldai
Dolomiti
Mareson
Brusadáz
Zoppè di Cadore
Peaio
Venas di Cadore
M. Rite
2181
Cibiana di Cadore
Passo di Cibiana
Vallada Agordina
Canale d'Agordo
Sachet
Caviola
Cana-cede
Sala
San Tomaso Agordino
2504
Cma di Mede
M. Civetta
3220
Pianáz
Zoldo Alto
Fusine
Fomesighe
Villa
Pieve
Cornigian
(1530)
2413
M. Sassolungo di Cibiana
Mas
M. Moiazza
2886
Sommariva
Forno di Zoldo
L. di Pontesei
Pralongo
Cma. di Pape
2503
Ghirlo
Rivalgo
Ospitale
116

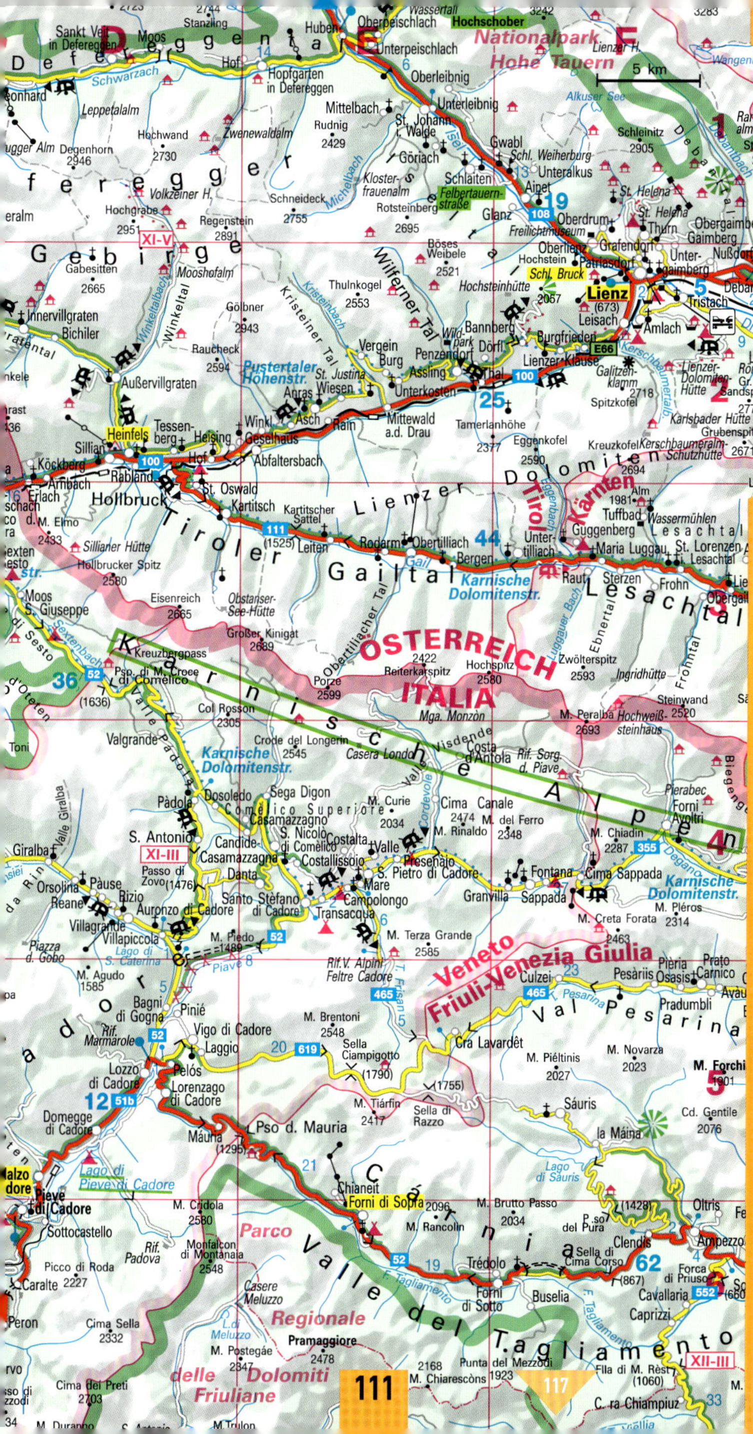
Nationalpark
Hohe Tauern
5 km
Defereggental
Deferegger Gebirge
Sankt Veit in Defereggen
Moos
Huben
Oberpeischlach
Unterpeischlach
Hochschober
Hopfgarten in Defereggen
Oberleibnig
Unterleibnig
Mittelbach
St. Johann i. Walde
Gwabl
Schl. Weiherburg
Unteralkus
Leppetalalm
Degenhorn 2946
Hochwand 2730
Zwenewaldalm
Rudnig 2429
Göriach
Kloster-frauenalm
Schlaiten
Felbertauern-straße
Ainet
Glanz
Oberdrum
Volkzeiner H.
Hochgrabe 2951
Regenstein 2891
Schneideck 2755
Rotsteinberg 2695
Freilichtmuseum
St. Helena
Thurn
Obergaimberg
Gaimberg
Grafendorf
Oberlienz
Patriasdorf
Unter-gaimberg
Nußdorf
Schleinitz 2905
Debant
Böses Weibele 2521
Hochstein
Schl. Bruck
Lienz (673)
Tristach
Gabesitten 2665
Mooshofalm
Thulnkogel 2553
Wilferner Tal
Hochsteinhütte 2057
Leisach
Amlach
Innervillgraten
Bichiler
Gölbner 2943
Kristeiner Tal
Winkeltal
Bannberg
Dörfl
Burgfrieden
Lienzer Klause
E66
Drau
Lavant
Raucheck 2594
Pustertaler Höhenstr.
Vergein
Burg
Penzendorf
Wildpark
Thal
Galitzen-klamm
2718
Spitzkofel
Lienzer-Dolomiten-Hütte
Sandspitze 2772
Außervillgraten
St. Justina
Wiesen
Assling
Unterkosten
Anras
Asch
Rain
Mittewald a.d. Drau
Tamerlanhöhe 2377
Karlsbader Hütte
Grubenspitze
Heinfels
Tessenberg
Heising
Winkl
Gesselhaus
Sillian
Abfaltersbach
Eggenkofel 2590
Kreuzkofel
Kerschbaumeralm-Schutzhütte 2671
Köckberg
Arnbach
Rabland
Hof
Lienzer Dolomiten
2694
Erlach
Hollbruck
St. Oswald
Kartitsch
Kartitscher Sattel
Tirol
Kärnten
Alm 1981
Tuffbad
Wassermühlen
M. Elmo 2433
Tiroler Gailtal
(1525)
Leiten
Rodarm
Obertilliach
Bergen
Unter-tilliach
Guggenberg
Maria Luggau
St. Lorenzen
Lesachtal
Sillianer Hütte
Hollbrucker Spitz 2580
Karnische Dolomitenstr.
Raut
Sterzen
Frohn
Moos
S. Giuseppe
Eisenreich 2665
Obstanser-See-Hütte
Obertilliacher Tal
Luggauer Bach
Ebnertal
Frohntal
Sesto
Sextenbach
Kreuzbergpass
Großer Kinigat 2689
OSTERREICH
ITALIA
2422
Reiterkarspitz
Hochspitz 2580
Zwölterspitz 2593
Ingridhütte
Psso. di M. Croce di Comelico
(1636)
Porze 2599
Mga. Monzòn
Steinwand 2520
Col Rosson 2305
Valgrande
Valle Padola
Crode del Longerin 2545
Casera Londo
Valle Visdende
Costa d'Antola
Rif. Sorg. d. Piave
M. Peralba 2693
Hochweiß-steinhaus
Karnische Alpen
Karnische Dolomitenstr.
Dosoledo
Pàdola
Sega Digon
Comelico Superiore
Casamazzagno
M. Curie 2034
Cima Canale 2474
M. Rinaldo
M. del Ferro 2348
Pierabec
Forni Avoltri
Giralba
S. Antonio
XI-III
Candide
Casamazzagno
S. Nicolò di Comelico
Costalta
Valle
Costalissoio
Presenaio
S. Pietro di Cadore
Fontana
M. Chiadin 2287
Cima Sappada
Sappada
Karnische Dolomitenstr.
Orsolina
Pàuse
Reane
Bizio
Passo di Zovo (1476)
Danta
Auronzo di Cadore
Santo Stèfano di Cadore
Mare
Campolongo
Transacqua
Granvilla
M. Plèros 2314
M. Creta Forata 2463
Villagrande
Villapiccola
Piazza d. Gobo
Lago di S. Caterina
M. Piedo 1489
Piave
M. Terza Grande 2585
Veneto
Friuli-Venezia Giulia
Rif. V. Alpini Feltre Cadore
M. Agudo 1585
Culzei
Pesàriis
Pièria
Osasis
Prato Carnico
Avaussa
Val Pesarina
Pradumbli
Bagni di Gogna
Piniè
Rif. Marmarole
M. Brentoni 2548
Vigo di Cadore
Laggio
Sella Ciampigotto (1790)
Cra Lavardêt
M. Piéltinis 2027
M. Novarza 2023
M. Forchia 1901
Lozzo di Cadore
Pelós
Lorenzago di Cadore
(1755)
M. Tiàrfin 2417
Sella di Razzo
Sàuris
Domegge di Cadore
Pso d. Mauria
Màuria (1295)
Cd. Gentile 2076
la Màina
Lago di Pieve di Cadore
Lago di Sauris
Carnia
Pieve di Cadore
Chianeit
Forni di Sopra
2096
M. Brutto Passo 2034
(1428)
Oltris
Sottocastello
M. Cridola 2580
M. Rancolin
P. so del Pura
Clendis
Ampezzo
Parco
Valle del Tagliamento
Rif. Padova
Monfalcon di Montanaia 2548
Tredolo
Sella di Cima Corso
(867)
Forca di Priuso
Picco di Roda
Caralte 2227
Casere Meluzzo
Forni di Sotto
Buselia
Cavallaria
Caprizzi
Regionale
Peron
Cima Sella 2332
L. di Meluzzo
Pramaggiore 2478
M. Postegàe 2347
Punta del Mezzodì 1923
Flla di M. Rèst (1060)
XII-III
Cima dei Preti 2703
delle Dolomiti Friulane
2168
M. Chiaresčons
117
C. ra Chiampiuz
M. Duranno
M. Trulon

A
B
C
1
2
3
5
6
Parco
Nazionale
dello Stélvio
Parco
Regionale
dell'Adamello
Parco
Adamello-
Lombardia
Trentino-Südtirol
Piazzi
Tola
M. Vallecetta 3148
Santa Caterina -Valfurva
Val di Forno
Palon de la Mare 3703
Monte Vioz 3645
Rif. Dosa del Cembri
Malga Mare
Cima
M. Sobretta 3296
C.di Pèlo 3549
Morignone
Redasco 3139
Val di Rèzzalo
S. Bernardo
Péjo
Péjo-Fonti
Val del Monte
Noce Bianco
Le Prese
Fumero
Frontale
(2621)
Pso. di Gavia
Sóndalo
Mondadizza
Pta. di Pietra Rossa 3283
V. delle Messi
Fontanino di Celentino
Comasine
Monte Palu 2835
Monte Redival 2973
Vermíglio
Pizzano
Stavèl
Velon
Cima Pa 3013
M. Serottini 2967
Val Grande
Caret
M. Coleazzo 3006
Pezzo
Precasàglio
Ponte di Legno
Passo del Tonale
Ospizio
(1883)
Cane
Villa d'Allegno
Temù
(1852)
Foppa
S.Giacomo
Stadolina
Vione
Pontagna
Valbione
Vezza d'Òglio
Val del Mortirolo
Oglio
Incùdine
Val Paghera
Val del Avio
Cima Presanella 3558
Lago Vedretta
Monno
Val Camonica
M.Avio 2962
L. d'Aviolo
L.d.Avio
Monte Maudrone 3283
Rif. Bédole Adamello Collini
Bédole
Èdolo
Mu
Cno.Baitone 3331
Todesca
Alb. Fontanabona
Ragada
Sònico
Val di Corteno
Rino
M. Adamello 3554
Passo di Monte Fumo
(3402)
Lago Baitone
Loritto
3418 Monte Fumo
L. di Làres
Malonno
Garda
Valle Malga
M.Fornace 2488
Valle Salarno
L. Dosazzo
M. Caré Alto 3462
Berzo
Monte
Demo
Forno
-Allione
Cedegolo
Cevo
Saviore d'Adamello
Val di Fumo
F. Chiese
Vauclo
Gorck
la Moia
Novelle
Val Palòbbia
Grevo
Valsaviore
Valle
Poia
V. di Saviore
Cima Cop di Breguzzo 3001
L. di Bissina
Villa Rendena
M.Elto 2148
Séllero
Val di Breguzzo
Zeller
Parco Naz.Inc.Rupestri
L. d'Arno
Capo di Ponte
Cemmo
Paspardo
M.Frisozzo 2897
2889
Val
Tione di Tre
Ono-
Cimbergo
Monte Re di Castello
Cima di Valbona 2889
2248
Mga. Giuggia
M.Benna
S. Pietro
Nadro
P. Badile Camuno 2435
Cerveno
Ceto
L. di Boazzo
di
Bondone
Val Paghera
Limes
Lòsine
Braone
Paghera
Roncone
Niardo
Daone
Giudicàrie
Lardaro
Malga Maima
Breno
Pescarzo
M. Cornone di Blumone 2843
Monte Lavanèch 2229
Dáone
Praso
Deserta
M. Frerone 2673
Ástrio
M. Alta Guárdia 2226
2665
Bersone
Pieve di Bono
Monte Các 2254
Prezzo
Cologna
Bienno
Prestine
Pso.di Croce Domini
(1892)
Valle di Caffaro
Grotta Rossa 2192
Castel Condino
Cimégo
Tiarno di sotto
Brione
Condíno
Tiarno di sopra
Grigna
5 km
Valle Dorizzo
Gigo di Bala
Rango
Bezze
Frà

Piazzola
Sombrabbi
Val di Rabbi
Rif. Malgazza
Bagni
Bresimo
Preghena
Livo
Cloz
Ronzone
Sarnonico
Cavareno
Penasa
S. Bernado
le Mandrie
2582
Tassé
Vide
Scolari
Monte Gamberaj
2425
Pracorno
Amago
Trignana
Bozzana
San
Gaácomo
Caldés
Cis
Cagnò
Revo
Romallo
Dámbel
Romeno
Cásez
Don
Málgolo
S. Romódio
Val Cercena
2882
Vegáia
Cima Tremenesca
2890
Lago Rotondo
Magras
Male
Terzolàs
Museum
Cavizzana
Caltron
Cles
Banco
S. Giustina
Sanzeno
Tavòn
Mga. Vallenaia
Commezzadura
Bolentina
Croviana
Mèchel
Rallo
Tassulo
Coredo
Dermulo
Smarano
Sfruz
Castel Brughiero
Monclássico
Presson
Carciato
Tuenna
Tuenno
Pavillo
Ortise
Menas
Mezzana
Piano
Mestriago
Dimaro
Castello
Cusiano
Almazzago
Táio
Nanno
Tres
Vervò
Pellizzano
Ossana
Marilleva
Val
Folgarida
Mont Peller
2320
Val di Tóvel
Terres
Pòrtolo
Segno
Torra
Flavòn
Mollaro
Prio
R. Pongailoa
Rif. Alpino
Ronzoia
Cima Vallina
2397
M. Corno
1962
Cunevo
Cast. la Santa
Denno
T. Noce
Toss
Dardine
Castello
Stavei
Rif. O. Bruno
Genzianella
Campo
Termon
Ton
Rocca Piana
Rif. Malghette
L.d. Malghette
Rif. Pradalago
(1682)
Carlo Magno
Rif. Montagnoli
Lago di Tòvel
Castello
Belasio
Campodenno
Quetta
Vigo Anáunia
Dercolo
Pso. Campo Carlo Magno
Lover
Sporminore
Roccheta
Maso Nuovo
Lago Ritorto
Madonna di Campiglio
Cima di Val Scura
2670
Spormaggiore
Mezzocorona
Mga. Spora Piccola
Mezzolombardo
Cavaipeda
Cast. Belfort
Limeda
Cima Brenta
3150
Pizzo Gallino
2442
Maso Cantòn
Fai della Pag.
San Michele all'Adige
António di Mavignola
Ex Mga. Brenta alta
Rif. Brentei
Cavedago
Carisolo
Regionale
Toscana
Santel
Zambana Vecchia
Giovo
Cima Tosa
3159
Andalo
Roccolo
S. Viglio
Pinzolo
Vadaione
Zambana
Nave S.Rocco
Palù
Pressano
Giustino
Molveno
Lavis
S.Lazzaro
Massimeno
Baita Fortino
Lago di Molveno
Paganella
Terlago Bassi
Meano
Brenta
Cima Ghez
2713
Canfedin
2034
Trento Nord
Ischia Podetti
Monte Vaccino
Gardolo
Canova
Bocenago
2481
Castello dei Camosci
Gruppo di Brenta
Rif. Ghedina
Fisto
Nembia
Cóvelo
Terlago
Cádine
Vigolo
Ciago
Lon
Vezzano
Baselga
Moline
Fraveggio
Senaso
Rendena
Binio
Dorsino
Andogno
San Lorenzo in Banale
Santa Massenza
Sopramonte
Trento Centro
Candriai
Padergnone
Montagne
L. Ponte Pià
Rágoli
Preore
Sténico
Margone
Lago di Toblino
TRENTO
Sardagna
Sarche
Calavino
Vanezze
Ravina
Bolbeno
Blèggio Inferiore
Ponte Arche
Castel Madruzzo
Lágolo
Zuclo
Larido-Marazzone
Comano
Godenzo
Blèggio Superiore
Pietramurata
Lasino
2091
Palon
Romagnano
Tambosi
Lomaso
Stravino
Garniga Terme
Valsorda
L.d. Cavedine
Fiave
Doss
Favrio
Brento
1545
Cavédine
Cometto
2180
Covelo
Aldeno
Mattarello
Altissimo
2128
Acquaviva
Cima Campi
Vigo
Gaverdina
2047
San Giovanni al Monte
Drena
Valle dei Laghi
Cimone
Mocchi
Ballino
Alb. Milano
F. Sarca
Dro
Tofino
2151
Braila
Zona Archeologica
Masetti
Treni
Lago di Tenno
Padaro
Besenello
Calliano
Monte Stivo
2059
Nomi
Piazzo
Cast. Beseno
Rif. al Faggio
Ville del Monte
Pranzo
Moletta
Villa Lagarina
Pomarolo
Tenno
Chiarano
S.Martino
Rovereto Nord
Cast. Pietra
Arco
la Becchetta
1500
Nogaredo
Volano
Concei
Vignole
Santa Bárbara
Molino Nuovo
Campi
Álbola
Riva del Garda
Toldi
Moietto
Serrada
Lago di Ledro
Mezzolago
(70)
Isera
ROVERETO
(212)
Perini
Scottini
Molina di Ledro
Nago
Lenzima
Lizzanella
S.Nicolò
Piazze
Museo
Tórbole
Cast. Dante
Moscheri

A
B
C
108
Südtiroler Weinstr.
Tramin a. d. Weinstr./ Termeno s. Str.d.Vino
Sanzeno
S.Giustina
Tavòn
Cöredo
Smarano
Söll
Auer/ Ora
Aldeiner Hof
Lahner
Hohlen
Radein
Dermulo
Castel Brughiero
Sfruz
Neumarkt-Auer Egna/Ora
Montan/ Montagna
Kaltenbrunn/ Fontanefredde
Graun
Vill
Taio
Tres
Kurtatsch a. d. Weinstr./ Cortaccia s. Str. d. Vino
Glen
Truden Trodena
Segno
Vervò
Neumarkt/ Egna
Naturp. Trudner Horn
Torra
Prio
Boarenwald
Margreid a. d. Weinstr./ Margrè s. Str. d. Vino
Gschnon
Aguai
R.Pongaiola
Parco Reg. Monte Corno
Toss
Dardine
Castello
Kurtinig a. d. Weinstr.
Laag
Altrei Anterivo
Castello Molina di Fiemme
1874
Fennberg
Gfrill
Ton
Rocca Piana
Favogno
Capriana
Dso. d. Colle
1616
Strammentizzo
Vigo Anáunia
Roverè della Luna
Dorà
Bucholz
Valfloriana
Maso Nuovo
Salurn/ Salorno
Roccheta
Gráuno
Piscine
Sicina
Sover
Mezzocorona
Grumès
Montesover
Case Forestali
Ponciach
Valda
T. Avisio
Valcava
Mezzolombardo
S.Michele Mezzocorona
Sette Fontane
Teàio
Cembra
Gaggio
Fai della Pag.
San Michele all'Adige
Faedo
Segonzano
M. Fregasoga 2447
Fáver
Montepeloso
Piramidi di Segonzano
Cembra
Brusago
Zambana Vecchia
Piazzo
M. Croce 2496
(2047)
Giovo
Lona-
Bedollo
la Centrale
Nave S.Rocco
Palù
Céola
Lisignago
Valeti
Regnana
Zambana
Pressano
Verla
Rizzolaga
L.delle Piazze
Mga.Cagnon di Sotto
Passo del Redebus
Dosso di Costalta 1955
(1455)
Palù del Férsina
Albiano
-Lasès
Baselga di Pinè
Cima d. Sette Selle
Lavis
S.Lazzaro
Gazzandina
S. Mauro
Fornace
2396
Terlago
Bassi
Meano
Santa Colombà
Miola
Mòcheni
Bosco
Rauta
St. Orsola Terme
Monte Vaccino
Gárdolo
Ischia
Podetti
Fierozzo
Canova
Fáida
Barbaniga
Civezzano
Suerta
M. Gronlait 2383
Mala
Cádine
Torchio
Montagnaga
Cse. Porchera
Frassilongo
MARTIGNANO
M. Fravort 2347
Vigalzano
Pérgine Valsugana
Trento Centro
Oltrecastello
Torcegno
Ronchi Valsugana
Sardagna
TRENTO
Costasavina
Castello di Pergine
M. Panarotta 2002
Roncegno
(134)
Villazzano
Susà
Ravina
S. Cristoforo
Vignola-Falesina
Márter
S.Rocco
Ischia
Vetriolo Terme
L. di Caldonazzo
Romagnano
Ronchi
S. Caterina
Lévico Terme
Novaledo
L'Armentera 1500
Vigolo Vattaro
Calceránica al Lago
Tenna
Selva
Mga. Costa
Garniga Terme
Valsorda
Brenta
Val
Sella di
Bosentino
Caldonazzo
Barco
S. Giuliana
Mattarello
Pizzo di Levico 1908
Cma. Mandriolo
Aldeno
Acquaviva
Vattaro
Dazio
2051
Trentino
Veneto
Cima del Campigolet 2028
Frisanchi
Monte Cimon 1486
Monte-rovere
Passo di Vezzena (1402)
Becco di Filadonna 2150
Centa San Nicolo
Bertoldi
Ost.del Términe
Masetti
Lavarone
Zona Archeologica
Menegoi Pso.d.Fricca (1113)
M. Cucco 1577
Bisele di sopra
Mga. Manderielle
M.Verena 2015
Besenello
Carbonare di F.
Virti
Chiesa
Capella
Calliano
Cast. Beseno
Costa
Nosellari
Belvedere
Luserna
Alb. Verenetta
Volano
Cast. Pietra
Mezzomonte
Passo di Sommo (1343)
Pedemonte
Adige
Longhi
Toldi
Mollino Nuovo
Folgaria
Lastebasse
Alb. Florentini
Moietto
Serrada
Fondo Grande
Casotto
Scottini
San Pietro Valdástico
(212)
Perini
Terragnolo
Le Fratte
Pso. d. Vena (1496)
La Costa
S.Nicolo
Piazza
Rif. Pso. Coe
Zóreri
Valdástico
Moscheri
1897
Fontana
114

109
Parco
Regionale
Panevèggio-
5 km
Cavalese
Varena
Tesero
Panchià
Ziano di Fiemme
Predazzo
Bellamonte
Panevéggio
Forno
Stava
Pampeago
Pso. di Lavazè (1805)
M. Agnello
Rio di Stava
Viezzena 2491
Pso. d. Lusia (2055)
Passo di Rolle (1970)
Cima Bocce 2745
Passo di Vallés (2033)
Costazza 2209
Colbricon 2603
S. Martino di Castrozza
Rif. Tognola
Tognola 2185
Valmesta
Masi Val di Redòs
Caston di Slavaci 2708
Cima di Cece 2754
Val di Fiemme
Catena dei Lagorai
Masi di Cavalese
Lago
Roda
Cavelonte
Mandriccione 2180
Malga Sadole
Mga. Valmaggiore
Alpe Cermis
Corona Alta 2224
L. Lagorai
Cma. d. Val Moena
Rif. Refavaie
C. dei Paradisi
Laste d. Stute 2616
Cma. delle Buse
Passo Cinque Croci (2018)
Rif. Socède
Cima d'Asta 2847
Caoria
Valle del Vanoi
Val Regana
Prolango
Canàl San Buvo
Zortea
Prade
Mezzano
Fiera di Primiero
Imèr
Siror
Rif. Miralago
Cma. Folga 2436
Panzane
M. Val Piana 2368
Valtrighetta
XI-IV
Calamento
M. Cengello 2439
Massif
Col d. Croce 2423
M. Tolvá 2343
Cima Orsera 2714
M. Cenon 2278
Malga Sorgazza
Val Tolva
Pugnai
Ronco Chiesa
Passo del Brocon (1615)
Gobbera
M. Totoga 1705
Val Cortella
Rif. Vedema
Monte Croce
Pontarso
M. Cima 2032
Malene
Carrari
M. Ágaro 2062
Col del Too 1622
Castel Schener
Stolle
Salùbio
Samone
Valnúvola
M. Cóppoló 2069
Bur
Zorzoi
Servo
Sovramonte
Telve
Carzano
Scurelle
Bieno
Castel-nuovo
Strigno
Ivano-Fracena
Pieve Tesino
Castello Tesino
Roa
S. Donato
Moline
Lamòn (594)
Sorriva
Col Falcon
Villa-Agnedo
Ospedaletto
Cinte Tesino
Celado
Costa
Fàller
Olle
Vla. Longo
Valsugana
F. Brenta
Selva
Grigno
Arìna
Lago. del Senàiga
Fonzaso
Serafini
Belvedere
Perèr
Frassenè
Südtirol
Rif. G. Cecchin
Pta. Molina 1920
M.Magari 1692
M.Chiesa 2016
Filippini
Costa Alta 1526
Cima di Campo
Mellame
Rivai
Agana
Arsiè
Giaroni
Tezze
Pustemo
Ex. Forte della Tagliata
Lago del Corlo
Caupo
C. Corno di Campo Verde 2129
M. della Forcelìona 1483
Primolan
Colle dei Zanghi (1062)
M. Colombara 1828
San Lorenzo
Réndale
Rocca
Baracca del Cantele
piano dei
Campomuletto
M. Lisser 1633
Enego
Incino
Casere
Chiesa Nuova
Lámbara
Valdifabbro
Val di Nos
Gallio Melette
Frisoni
Porteghetti
Croce di l'Ongara
M. Fior 1824
Meletta
Stóner
Coste
Cismòn d. Grappa
M.Mosciagh 1556
Lazzaretti
Gavelle
Col del'
Bosco
Rigoni
Campanella
Foza
Sasso Stefani
San Marino
C. d. Beretta 1448
Osservatorio
Campo-rovere
Gallio
Roana
Asiago
Stoccareddo
Bertigo
Sasso
San Gaetano
Ponte S. Lorenzo
M. Grappa 1775

109
116
A
B
C
1
2
3
4
5
6
L. di Cavia
Valt
Caviola
Sachet
Canale d'Agordo
V. d. Biois
Mas
San Tomaso Agordino
2504
Cma di Mede
Zoldo Alto
Passo di Vallés (2033)
Cma. della Stia 2391
Cma. di Pape 2503
Ghirlo
Cencenighe Agordino
M. Moiazza 2886
Chiesa
Passo Dur (1601)
XII-IV
M. Tamer 2547
T. Travignolo
Parco
Costazza 2209
Passo di Rolle (1970)
Gares
Pale di
San Martino
Cima d. Vezzana 3196
M.S. Lucano 2410
Col di Pra
S. Lucano
V. di S. Lucano
Forno di Val
Listolade
Taibòn Agordino
Campedel
Agordo
Cugnago
La Valle Agordina
Voltago Agordino
Ponte Alto
Cancellade
M.Vallaraz 1893
Torner
La Muda
S. Martino di Castrozza
2887
Pala di S. Martino
Croda Grande 2849
Rivamonte Agordino
Flla. Aurine
(1297)
I-III
Angoletta
Tiser
Villa S. Andrea
Gosaldo
2240
Pez. d Mezzodi
T. Cordévole
Rif. Tognola
Regionale
Paneveggio-Pale di S. Martino
Valmesta
Cant d. Gal
Pieréni
Villa Welsperg
-Mis
Rif. Miralago
Cma. Folga 2436
T. Cismon
Passo di Cereda
Titele
Canale del Mis
T. Mis
Nazionale
Monte Alto 2029
Gena
Siròr
Tonadico
Fiera di Primiero
(1369)
Pale Alte Palughet
Sagron-
M. Agnellezze 2140
Casa Salet
Lago del Mis
Certosa di Vedana
Panzane
Trasácqua
Màson
Sass de Mura 2522
delle
Mezzano
Le Rocchette
L. di Val Noana
Imèr 2009
Vaticano
Valpiana
M. Colsento 2086
Dolomiti
Mis
Gron
Vignole
Sospirolo
Roe Alte
Maras
Trentino-Südtirol
Rif. Vedema
di sotto el Belo
L. d. Stua
Boz-Alpino
V. Schenèr
M. Ramezza 2228
Veneto
Oregne
Paderno
Landris
S. Gregório n. Alpi
Sédico
Meano
Bribano
Monte Croce
Vette Piccole 2187
M. S. Mauro 1836
V. di Canzoi
Cergnai
Castel Schener
Bellunesi
M. Magazón 1837
Croce d'Aune
(1011)
Cesiomaggiore
Sartena
Santa Giustina
Pasa
Bur
Zorzoi
Servo
Can
Soranzèn
Menin
Tussui
Formegàn
Trichiana
F. Piave
Marcador
Sovramonte
Col Falcon
Sorriva
Pren
Viguni
Pullir
Villabruna
Pez
Salménega
Nave
Bardies
Mel
Zottiè
Tremea
Samp
Nórcen
Foèn
Car
Lentiai
Bùsche
Tiago
Villapiana
Villa di Villa
Carve
Pedavena
Fallèr
Facen
Feltre
Pont
Sonna
Fonzaso
Mugnai
Villa-paiera
Ronchena
Canai
Cordellòn
Frassenè
Artèn
Anzù
Cellada
Stábie
M.Artent 1182
Col de
Rasai
Tomo
2009
Agana
Caupo
Porcèn
T. Rimonta
M.Forale 1073
Arsiè
Giaroni
Serèn del Grappa
M. Tomático 1594
Canàl
Marziai
V. Fontana
Castel Brando
Lago del Corlo
Carpèn
Caorera
M. Garda 1331
M.Crep 1346
Valmareno
Colle dei Zanghi (1062)
M. Peurna 1381
Scalòn
M. Zogo 1394
Follina
Chiesa Nuova
Casere
Schievenin
M. Cesen 1570
M.Cimon 1438
Miane
Vas
Milies
Stramare
Combai
Premaor
M. Fontana Secca 1608
Pianezze
Campea
Quero
Campo
Segusino
Guietta
Villa Caragiani-Ricc
Col dell'Orso 1677
T. Calcina
Alano di Piave
Col Gùia
S.Pietro
S. Stéfano
Col S. Martino
Fontana
Fenér
S.Vito
Valdobbiádene
Giussin
Osservatorio
M. Grappa 1775
M. Pallón 1205
M.Tomba 868
Cavaso del Tomba
Pieve
Villanova
S. Giovanni
Corlbertaldo
Mosnigo
Moriago d. Battaglia
Bigolino
Alnè
Hotel del Grappa
15
13
16
20
21
29
69
24
32
11
14
18
7
8
50
50b
141
203
347
348
473

111
5 km
D
E
F
1
2
3
4
5
Fomesighe
Pieve
Cornigian
M. Sassolungo di Cibiana
Macchietto
Rucorvo
Meluzzo
M. Postegáe
2347
Parco
Sommariva
Forno di Zoldo
L. di Pontesei
Rivalgo
Sasso di Mezzodi
2034
Cima dei Preti
2703
M. Duranno
2652
S. Antonio
M.Trulon
2312
Ospitale di Cadore
Cime di Mezzodi
2334
Dravestra
Termine di Cadore
Cima Fortezza
2101
Regionale
delle
Casoni
Zoldo
Oléntreghe
M.Vacalizza
2266
Dolomiti Friulane
Mezzocanate
Soffranco
Castello Lavazzo
Val da Pont
Passo di San Osvaldo
(827)
Cimoláis
Creppi
Longarone
Erto e Casso
Lago del Vaiónt
Cima Gallinut
1755
Cláut
Igne
Pirago
La Pineda
Case Liron
Pinedo
Casera Costa Grande
Fae
Dogna
Cma. di Campo
1669
Cellino
Casere de Cajada
Rif. Bianchet
Provagna
M. Frugna
1839
Contron
Col Grand
1879
M. Schiara
2563
Fortogna
Spiz Gallina
1545
Col Nudo
2472
M. Privagna
1696
C. Malapietr
L.di Val Gallina
2207
Crep Nudo
1259
M. Arghena
M. Duron
2003
M. Serva
2133
Pian di Vedóia
Sovérzene
Friuli-Venezia Giulia
S. Andrea Polpet
M. Dolada
1938
S. Martino d'Alpago
M. Vanale
2212
Palzo. Presudin
Pian di Luni
Páscoli
Cadola
Casan
Pieve d'Alpago
Chies d'Alpago
C. Nest
Tisoi
Bolzano
Fiammoi
Ponte nelle Alpi
Belluno
Tignes
Rif d'Alpago
Cusighe
Lévego
Vich
Paludi
Puos d'Alpago
Borsoi
Lavina Sopra
Veneto
Libano
Àntole
BELLUNO
(383)
Col
Lósego
A27
Sitran
Cornai
Casera Pian
Sòis
Mier
Farra d'Alpago
delle More
Quantin
M. Cavallo
2251
Castion
Caléipo
Bastia
Spert
Tambre
Pianca
Salce
Visome
Lago di S.Croce
Giardino Botánico
Cesa
Castoi
Faverga
Limana
Cra. Sauchi
Giaòn
Cet
Cirvoi
Rif.Nevegàl
Lastra
Pian Osteria
Canè
T. Cicogna
Santa Croce
(1488)
Sella di Fadalto
Col Grande
1618
Cavassico
Fadalto
Piàn del Cansiglio
Bosco del Cansíglio
Carfagnoi
Tassei
Nevegàl
Lago Morto
M. Candáglia
1357
Orgàn
T. Limana
Col Visentin
1761
Fadalto-Lago di S. Croce
Mezzomonte
Valmorèl
1589
Pranolz
Olivi
M. Pizzoc
Col Brombolo
1345
Coltura
Budóia
C. ra Rosset
la Crosetta
Polcenigo
M. Cor
1322
Sega
S. Giova
Campedei
Sónego
Vittório Vén. N.
Osteria
Vizza
Passo di S. Boldo
(706)
Grotte del Calieron
Sarone
Revine-
Fregona
Ranè
San Lorenzo
Anzano
(40)
Fiaschetti
Lago
L.di S. Maria
Tovena
Solle
VITTÓRIO Véneto
Sármede
Villa di Villa
Mura
Fratta
Tarzo
Ronche
Cappella Maggiore
Cisòn
Valmareno
Resera
Vittório Ven. S.
Cáneva
Stevenà
Sacile
Cozzuolo
Cordignano
Rolle
Corbanese
Mescolino
Co. Franchin
439
Formeniga
Méschio
Schiavoi
Farrò
S. Pietro di Feletto
Gódega di S.Urbano
Sacile Ovest
Orsago
Vistorta
Pedeguarda
Refrontolo
Scomigo
Manzana
Colle Umberto
Bavaroi
Solighetto
Ogliano
S. Fior
Salvatoronda
S.Giov di Liv
Federa
Rua
Bagnolo
Gai
San Vendemiano
Bavèr
Bibano
Brugnera
Pieve di Soligo
CONEGLIANO
(72)
S. Fior di Sotto
Levada
Calderano
Gaiarine
Barbisano
Paré
117
Conegliano
Roverbasso
Albina
Codognè
Campomolino
Collalto
Battaglia

KARTENLEGENDE

Autobahn mit Anschlussstelle - Mautstelle	Trento 14	Motorway with junction - Toll
Autobahn in Bau - geplant	Datum/Date	Motorway under construction - projected
Tankstelle - Rasthaus - mit Motel		Filling station - Restaurant - with motel
Vierspurige Straße - in Bau		Road with four lanes - under construction
National- oder Staatsstraße - in Bau		Trunk road - under construction
Wichtige Hauptstraße - in Bau		Important main road - under construction
Hauptstraße - Nebenstraße		Main road - Secondary road
Fahrweg - Fußweg		Practicable road - Foothpath
Passstraße mit Wintersperre - Steigung	X-IV 1209 15%	Mountain pass closed in winter - Gradient
Für Wohnwagen nicht empfehlenswert - gesperrt		Not suitable for caravans - closed
Gebührenpflichtige Straße - Für Kfz gesperrt		Toll road - Road closed for motor traffic
Hauptbahn mit Bahnhof - Nebenbahn		Main railway with station - Other railway
Eisenbahn (Güterverkehr) - Autoverladung		Railway (freight haulage) - Railway ferry for cars
Zahnradbahn - Seilbahn - Sessellift		Rack-railway - Cable lift - Chair lift
Autofähre - Schifffahrtslinie		Car ferry - Shipping route
Flughafen - Regionalflughafen - - Flugplatz - Segelflugplatz		Airport - Regional airport - - Airfield - Gliding field
Besonders sehenswerter Ort	TRENTO	Place of particular interest
Besondere Natursehenswürdigkeit	Grotta d. Vento	Natural object of particular interest
Museumseisenbahn		Tourist train
Landschaftlich schöne Strecke		Scenic road
Touristenstraße	Route des Grandes Alpes	Tourist route
Nationalpark, Naturpark - Aussichtspunkt		National park, nature park - Viewpoint
Botanischer Garten, sehenswerter Park - - Zoologischer Garten		Botanical gardens, interesting park - - Zoological garden
Burg, Schloss - Burgruine		Castle, Palace - Castle ruin
Kirche - Kloster - Ruinen		Church - Monastery - Ruins
Turm - Funk- oder Fernsehturm		Tower - Radio- or TV tower
Denkmal -Windmühle- Leuchtturm		Monument - Windmil-Lighthouse
Golfplatz - Jachthafen		Golf-course - Marina
Hotel, Motel, Gasthaus - Höhle		Hotel, Motel, Inn - Cave
Campingplatz - Jugendherberge		Camping - Youth hostel
Strandbad - Schwimmbad - Heilbad		Bathing place - Swimming pool - Spa
Staatsgrenze		State boundary
Grenzkontrollstelle international - - mit Beschränkung		International check-point - - Check-point with restrictions
Verwaltungsgrenze - Sperrgebiet		Administrative boundary - Restricted area
Ausflüge & Touren		Excursions & tours

St. Vigil

REGISTER

In diesem Register sind alle in diesem Reiseführer erwähnten Orte und Ausflugsziele, dazu etliche Berge, Pässe, Seen, Täler und Wanderwege verzeichnet. Halbfette Seitenzahlen verweisen auf den Haupteintrag, kursive auf ein Foto.

> www.marcopolo.de/dolomiten

> SCHREIBEN SIE UNS!

Liebe Leserin, lieber Leser,

wir setzen alles daran, Ihnen möglichst aktuelle Informationen mit auf die Reise zu geben. Dennoch schleichen sich manchmal Fehler ein – trotz gründlicher Recherche unserer Autoren/innen. Sie haben sicherlich Verständnis, dass der Verlag dafür keine Haftung übernehmen kann.

Wir freuen uns aber, wenn Sie uns schreiben.

Senden Sie Ihre Post an die
MARCO POLO Redaktion,
MAIRDUMONT, Postfach 31 51,
73751 Ostfildern,
info@marcopolo.de

IMPRESSUM

Titelbild: Langkofel (Huber: Fantuz)
Fotos: Arc Alpin: Helmut Kritzinger (86 M.r.); aries.creative (87 o.l.); Bergila (86 u.r.); bergundtal GmbH (14 M.); Carambolage: Peter Schorn (13 o.); EURAC (14 o.); Ferienregion Tauferer Ahrntal: Hartmann Seeber (12 u.); fotolia.com: Natasha (87 u.r.); HB Verlag: Bernhart (61), Fabig (4 l., 18, 32, 39, 45, 119), Kiedrowski (U. M., 70, 81); Felix Holzer (12 o.); Huber: Fantuz (1, 52); G. Jung (U. l., 27, 50/51, 54/55, 68/69); H. Krinitz (6/7, 8/9, 22, 22/23, 24/25, 26, 28, 30/31, 35, 92/93, 106/107); Iaco Rigo (15 u.); La Terra Magica: Lenz (3 M., 21, 40, 75); Loosmannhof (86 M.l.); P. Mathis (U. r., 2 l., 2 r., 3 l., 5, 16/17, 36, 42, 48, 73, 76, 82/83, 85, 88/89, 90, 94); T. Stankiewicz (4 r., 11, 23, 28/29, 29, 47, 56, 62/63, 65, 67, 78); O. Stimpfl (123); W. Storto (3 r.); Südtirol Marketing: Helmuth Rier (87 M.l.), Lomografische Ges. Wien (86 o.l.); UNIKA (13 u.); Verkehrsamt Bozen (87 M.r.); T.P. Widmann (37); Winklerhotels GmbH: Helmuth Rier (15 o.); E. Wrba (59); Zilla (14 u.)

2. (7.), aktualisierte Auflage 2009

Verlegerin: Stephanie Mair-Huydts; Chefredaktion: Michaela Lienemann, Marion Zorn
Autor: Oswald Stimpfl; Redaktion: Arnd M. Schuppius
Programmbetreuung: Cornelia Bernhart, Jens Bey; Bildredaktion: Gabriele Forst
Szene/24h: wunder media, München
Kartografie Reiseatlas: © MAIRDUMONT, Ostfildern
Innengestaltung: Zum goldenen Hirschen, Hamburg; Titel/S. 1–3: Factor Product, München
Sprachführer: in Zusammenarbeit mit Ernst Klett Sprachen GmbH, Stuttgart, Redaktion PONS Wörterbücher

Printed in Germany. Gedruckt auf 100% chlorfrei gebleichtem Papier

FÜR IHRE NÄCHSTE REISE

gibt es folgende MARCO POLO Titel:

DEUTSCHLAND
Allgäu
Amrum/Föhr
Bayerischer Wald
Berlin
Bodensee
Chiemgau/Berchtesgadener Land
Dresden/Sächsische Schweiz
Düsseldorf
Eifel
Erzgebirge/Vogtland
Franken
Frankfurt
Hamburg
Harz
Heidelberg
Köln
Lausitz/Spreewald/Zittauer Gebirge
Leipzig
Lüneburger Heide/Wendland
Mark Brandenburg
Mecklenburgische Seenplatte
Mosel
München
Nordseeküste Schleswig-Holstein
Oberbayern
Ostfriesische Inseln
Ostfriesland/Nordseeküste Niedersachsen/Helgoland
Ostseeküste Mecklenburg-Vorpommern
Ostseeküste Schleswig-Holstein
Pfalz
Potsdam
Rheingau/Wiesbaden
Rügen/Hiddensee/Stralsund
Ruhrgebiet
Schwäbische Alb
Schwarzwald
Stuttgart
Sylt
Thüringen
Usedom
Weimar

ÖSTERREICH | SCHWEIZ
Berner Oberland/Bern
Kärnten
Österreich
Salzburger Land
Schweiz
Tessin
Tirol
Wien
Zürich

FRANKREICH
Bretagne
Burgund
Côte d'Azur/Monaco
Elsass
Frankreich
Französische Atlantikküste
Korsika
Languedoc-Roussillon
Loire-Tal
Normandie
Paris
Provence

ITALIEN | MALTA
Apulien
Capri
Dolomiten
Elba/Toskanischer Archipel
Emilia-Romagna
Florenz
Gardasee
Golf von Neapel
Ischia
Italien
Italienische Adria
Italien Nord
Italien Süd
Kalabrien
Ligurien/Cinque Terre
Mailand/Lombardei
Malta/Gozo
Oberital. Seen
Piemont/Turin
Rom
Sardinien
Sizilien/Liparische Inseln
Südtirol
Toskana
Umbrien
Venedig
Venetien/Friaul

SPANIEN | PORTUGAL
Algarve
Andalusien
Barcelona
Baskenland/Bilbao
Costa Blanca
Costa Brava
Costa del Sol/Granada
Fuerteventura
Gran Canaria
Ibiza/Formentera
Jakobsweg/Spanien
La Gomera/El Hierro
Lanzarote
La Palma
Lissabon
Madeira
Madrid
Mallorca
Menorca
Portugal
Sevilla
Spanien
Teneriffa

NORDEUROPA
Bornholm
Dänemark
Finnland
Island
Kopenhagen
Norwegen
Schweden
Südschweden/Stockholm

WESTEUROPA | BENELUX
Amsterdam
Brüssel
Dublin
England
Flandern
Irland
Kanalinseln
London
Luxemburg
Niederlande
Niederländische Küste
Schottland
Südengland

OSTEUROPA
Baltikum
Budapest
Estland
Kaliningrader Gebiet
Lettland
Litauen/Kurische Nehrung
Masurische Seen
Moskau
Plattensee
Polen
Polnische Ostseeküste/Danzig
Prag
Riesengebirge
Russland
Slowakei
St. Petersburg
Tschechien
Ungarn
Warschau

SÜDOSTEUROPA
Bulgarien
Bulgarische Schwarzmeerküste
Kroatische Küste/Dalmatien
Kroatische Küste/Istrien/Kvarner
Montenegro
Rumänien
Slowenien

GRIECHENLAND | TÜRKEI | ZYPERN
Athen
Chalkidiki
Griechenland Festland
Griechische Inseln/Ägäis
Istanbul
Korfu
Kos
Kreta
Peloponnes
Rhodos
Samos
Santorin
Türkei
Türkische Südküste
Türkische Westküste
Zakinthos
Zypern

NORDAMERIKA
Alaska
Chicago und die Großen Seen
Florida
Hawaii
Kalifornien
Kanada
Kanada Ost
Kanada West
Las Vegas
Los Angeles
New York
San Francisco
USA
USA Neuengland/Long Island
USA Ost
USA Südstaaten/New Orleans
USA Südwest
USA West
Washington D.C.

MITTEL- UND SÜDAMERIKA
Argentinien
Brasilien
Chile
Costa Rica
Dominikanische Republik
Jamaika
Karibik/Große Antillen
Karibik/Kleine Antillen
Kuba
Mexiko
Peru/Bolivien
Venezuela
Yucatán

AFRIKA | VORDERER ORIENT
Ägypten
Djerba/Südtunesien
Dubai/Vereinigte Arabische Emirate
Israel
Jerusalem
Jordanien
Kapstadt/Wine Lands/Garden Route
Kenia
Marokko
Namibia
Qatar/Bahrain/Kuwait
Rotes Meer/Sinai
Südafrika
Tunesien

ASIEN
Bali/Lombok
Bangkok
China
Hongkong/Macau
Indien
Japan
Ko Samui/Ko Phangan
Malaysia
Nepal
Peking
Philippinen
Phuket
Rajasthan
Shanghai
Singapur
Sri Lanka
Thailand
Tokio
Vietnam

INDISCHER OZEAN | PAZIFIK
Australien
Malediven
Mauritius
Neuseeland
Seychellen
Südsee

> UNSER AUTOR

MARCO POLO Insider Oswald Stimpfl im Interview

Oswald Stimpfl, Jahrgang 1946, waschechter Südtiroler deutscher Muttersprache, lebt und arbeitet im zweisprachigen Bozen.

Was gefällt Ihnen an den Dolomiten?

An den Dolomiten gefällt mir der Mix aus italienischer Lässigkeit und deutscher Gründlichkeit, das Klima mit viel Sonne und milden Wintern, dann die großartige Landschaft, von hochalpin bis südlich-mediterran. Und ich finde auch, wo mehrere Sprachgruppen leben, entwickelt sich eine außergewöhnliche kulturelle Vielfalt.

Und was mögen Sie an dieser Gebirgsregion nicht so?

Dass der Tourismus unübersehbar und einschneidend die Landschaft verändert und die Bevölkerung sich erst langsam der Werte besinnt, die unwiederbringlich schwinden.

Was machen Sie beruflich?

Vor zehn Jahren habe ich von der EDV-Branche auf die Personaldienstleistung umgesattelt und arbeite in der Bozener Geschäftsstelle einer Zeitarbeitsfirma mit einem Teilzeitvertrag. Etwa gleichzeitig begann ich als Spätberufener mit dem Bücherschreiben. Die Themen sind Südtirol und die Dolomiten, Land und Leute, Essen und Trinken.

Sprechen Sie außer deutsch auch italienisch oder ladinisch?

Neben meiner Muttersprache spreche ich auch fließend italienisch, was gut für mein Berufsumfeld ist, denn alle meine Arbeitskollegen sind Italiener. Ladinisch kann ich nur ein paar Brocken, leider.

Was machen Sie in Ihrer Freizeit?

Ich koche gerne, für mich und meine Freunde. Und dann streife ich natürlich, wann immer es die Zeit zulässt, zu Fuß, mit dem Trekking- oder Mountainbike, den Tourenskiern oder Schneeschuhen offenen Auges durchs Südtiroler Land.

Sie kommen also ganz schön in den Dolomiten herum!

Ich bin rastlos unterwegs, es gibt ja immer noch (wenige) Winkel in meiner Heimat, die ich noch nicht kenne. Es ist übrigens schon öfter vorgekommen, dass ich in Rom im Fernsehen über meine guten Dolomiten-Kenntnisse berichten durfte, auch Tiroler Speckknödel habe ich dort vor laufender Kamera gekocht.

Und was ist Ihr Lieblingsessen?

Die ursprüngliche Südtiroler Küche hat ja bäuerliche Wurzeln, sie ist also einfach und kräftig. Gut, dass sie viel von der Leichtigkeit der italienischen angenommen hat – wir sind alle keine Holzhacker mehr! Aber hie und da gönne ich mir einen Jungschafbraten mit Kartoffeln vom Rohr, das „Bauernschöpserne".

> BLOSS NICHT!

Unangenehme oder gefährliche Situationen können Sie vermeiden

Um jeden Preis auf den Berg

So verlockend die Höhenwege und Gipfel der Berge auch sind, sie sollten nicht um jeden Preis begangen werden. Informieren Sie sich über den genauen Wegverlauf, und tragen Sie vor allem gute Schuhe, am besten robuste Bergschuhe. Informieren Sie sich über den Wetterbericht, und denken Sie immer an die Möglichkeit eines plötzlichen Wetterumschwungs. Gewitter sind in den Bergen nicht zu unterschätzen. Sie treten meist am frühen Nachmittag auf und bringen neben Blitzgefahr auch starke Abkühlung mit sich. Ein Grund mehr, immer einen guten Regenschutz und warme Kleidung im Rucksack mitzuführen. Auch im Sommer sollten Pulli, Mütze und Handschuhe nicht fehlen. Brechen Sie zu längeren Touren rechtzeitig auf, damit Sie nicht in die Dunkelheit kommen. Muten Sie sich nicht zu viel zu – wenn es Ihnen zu anstrengend wird, kehren Sie lieber um, denn leichter wird es selten.

Die Natur plündern

In den Wäldern Italiens ist es verboten, Pilze zu sammeln. Ein Verstoß hat hohe Strafen zur Folge. Wenn Sie Wert darauf legen, Steinpilze, Pfifferlinge und ihre Verwandten selbst zu sammeln, brauchen Sie eine Ermächtigung (gegen eine feste Gebühr) der Gemeinde. In den Naturparks ist es zudem verboten, Pflanzen und Blumen aller Art zu entfernen. Hinweisschilder, bitte auf den Wegen zu bleiben, sind zu respektieren, wie auch die Bitte, seinen Müll im Tal zu entsorgen.

Bei Regen die Pläne anderer unterschätzen

Nichts ist näher liegend, als bei schlechtem Wetter ins Museum oder zum Shoppen in die Städte zu flüchten. Nur: Diese Idee haben viele andere auch. Stellen Sie sich auf Wartezeiten an den Museumskassen ein, oder reservieren Sie Eintrittskarten, und reisen Sie mit öffentlichen Verkehrsmitteln an, so weichen Sie Stau und Parkplatzsuche aus.

Sich immer aufs Handy verlassen

Durch die gebirgige Lage ist der Handyempfang nicht überall gewährleistet. Verlassen Sie sich nicht darauf, dass Sie mit Ihrem Mobiltelefon immer und überall Hilfe anfordern können, und geben Sie als Vorsichtsmaßnahme ihr Ausflugsziel im Hotel an.

Das Rauchverbot vergessen

In Italien gilt seit 2005 ein besonders strenges Rauchverbot, das mit relativ hohen Strafen geahndet wird. Das gilt vor allem für das Rauchen in öffentlich zugänglichen Räumen (auch Bahnhöfe und Geschäfte), aber auch in Cafés, Bars und Restaurants, wo es absolut verboten ist. Also entweder in die Raucherzonen ausweichen oder die Dolomiten ohne Zigarette genießen.